EXPEDIENTE

Presidente e Editor	Italo Amadio
Diretora editorial	Katia F. Amadio
Editora-assistente	Ana Paula Ribeiro
Assistente editorial	Renata Aoto
Revisão técnica	Luciana Costa
Preparação de texto	Geisa de Oliveira
Revisão de texto	Larissa Wostog Ono
	Rita Gorgati
	Valquíria Matiolli
Projeto gráfico e Diagramação	Konsept design & projetos
Iconografia	Jaqueline Spezia

Dados Internacionais de Catalogação na Publicação (CIP)
Angélica Ilacqua CRB-8/7057

Mendonça, Rejane Teixeira
    Obesidade infantil e na adolescência / Rejane Teixeira Mendonça. -- São Paulo : Rideel, 2014.

ISBN - 978-85-339-3247-0

    1. Obesidade nas crianças 2. Crianças - Nutrição 3. Hábitos de saúde I. Títulos

14-0522   CDD 613.22

Índice para catálogo sistemático:
1. Obesidade nas crianças

© 2014 - Todos os direitos reservados à

Av. Casa Verde, 455 – Casa Verde
CEP 02519-000 – São Paulo – SP
e-mail: sac@rideel.com.br
www.editorarideel.com.br

Proibida qualquer reprodução, mecânica ou eletrônica,
total ou parcial, sem prévia permissão por escrito do editor.

1 3 5 7 9 8 6 4 2
0 9 1 4

Para meus filhos: Regis Marcelo, Mauren e Rossana.

Agradecimento especial à equipe da Editora Rideel por mais esta obra. Em particular à editora Ana Paula Ribeiro.

Revisão técnica

Luciana Costa

Nutricionista graduada pela Universidade Bandeirantes (Uniban). Especialista em Distúrbios Metabólicos e Risco Cardiovascular pelo Centro de Extensão Universitária (CEU). Especialista em Hotelaria Hospitalar pelo Instituto Israelita de Ensino e Pesquisa Albert Einstein. Gerente corporativa de Nutrição do Hospital e Maternidade Santa Joana. Nutricionista responsável pela supervisão de empresa prestadora de serviços de alimentação para pacientes, funcionários, acompanhantes e lactário da Prefeitura do Município de Osasco.

Sumário

Introdução	**IX**
Parte 1 – AS GORDURAS	**1**
1. A digestão e a absorção dos nutrientes	**3**
1.1 O sistema digestório	3
1.2 O processo digestivo	9
1.2.1 A digestão no estômago	9
1.2.2 A digestão no intestino delgado	10
1.3 Absorção dos nutrientes no intestino delgado	10
1.4 A ação da digestão e a absorção de nutrientes	11
1.4.1 Carboidratos	11
1.4.2 Proteínas	12
1.4.3 Lipídios	14
1.4.4 A absorção dos outros nutrientes	17
1.4.5 O processamento dos alimentos	18
1.5 Energia e os efeitos térmicos dos alimentos	18
2. As gorduras	**21**
2.1 Classificação das gorduras	22
2.1.1 Ácidos graxos saturados	22
2.1.2 Ácidos graxos insaturados	22
2.1.3 Ácidos graxos monoinsaturados	23
2.1.4 Ácidos graxos poli-insaturados	23
2.1.5 Ácidos graxos essenciais	23
2.2 Transporte e armazenamento das gorduras	30
2.2.1 Metabolismo dos lipídios	31
2.2.2 Funções gerais da gordura corporal	32
2.3 Tecido adiposo – O depósito de gordura	34
2.4 O sobrepeso	37
3. O Índice de Massa Corporal – IMC	**39**
4. A obesidade	**43**
4.1 Características gerais da doença obesidade	46
4.2 A regulação do peso corporal	49
A colecistoquinina	53
A grelina	53

4.3 As doenças causadas pelo excesso de peso corpóreo 54
    4.3.1 Doenças cardiovasculares 54
    4.3.2 Hipertensão arterial 55
    4.3.3 Doenças respiratórias 55
    4.3.4 Doenças da vesícula biliar 56
    4.3.5 Osteoartrose 56
    4.3.6 Neoplasias 56
4.4 Outras doenças relacionadas com a obesidade 57

Parte 2 – OBESIDADE INFANTIL E NA ADOLESCÊNCIA 59

5. Evolução histórica dos conceitos da obesidade 61

6. Epidemiologia da obesidade infantil e na adolescência 65

7. Fatores de risco relacionados à obesidade infantil e na adolescência 71
7.1 A importância da amamentação, o desmame precoce e a má alimentação no primeiro ano de vida 73
7.2 Os fatores genéticos e as doenças metabólicas 77
    7.2.1 Os aspectos genéticos da obesidade 79
7.3 O balanço energético desfavorável 81
    7.3.1 Fatores neuroendócrinos da obesidade 82
    7.3.2 Controle neuroendócrino de apetite 84
7.4 Os traumas familiares e o estresse 85
7.5 As alterações nos hábitos nutricionais familiares 87
7.6 Os perigos dos medicamentos 89
7.7 O sedentarismo 91
7.8 As fases de risco do crescimento orgânico 92

8. A alimentação do escolar equilibrada como forma de prevenir a obesidade infantil e na adolescência 97
8.1 As cantinas escolares 101

9. A interferência do marketing dos alimentos industrializados na mídia e os perigos do *fast-food* 105
9.1 O *fast-food* 109

10. Os problemas de saúde causados pela obesidade infantil e na adolescência 111
10.1 No desenvolvimento físico 111
10.2 Os respiratórios 113
10.3 Os ortopédicos 114
10.4 Os dermatológicos 114
10.5 Os metabólicos 114
    10.5.1 Resistência à insulina 115
    10.5.2 Alterações trombogênicas 115
    10.5.3 Hipertensão 117
10.6 Os cardiovasculares 118
10.7 Os psicossociais 119

11. Os custos da obesidade infantil e na adolescência para os órgãos de saúde — 121

12. As orientações nutricionais na infância e na adolescência — 125
   12.1 A alimentação saudável e as modificações dietéticas na infância e na adolescência — 125
   12.2 As modificações dietéticas na infância e na adolescência — 131
   12.3 Cuidados com as dietas da moda para o adolescente — 138
   12.4 A aceitação dos processos de educação alimentar e comportamentais — 141
   12.5 As refeições com restrição de alimentos excessivamente calóricos para a manutenção do peso reduzido — 143
   12.6 A atividade física como forma de perder peso e os seus benefícios — 145
   12.7 O tratamento e a manutenção do peso reduzido — 146

13. A prevalência da obesidade infantil e na adolescência no Brasil e no mundo — 153
   13.1 Recomendações de alimentação saudável para toda a família — 155

Parte 3 – RECEITAS LIGHT — 159

PAPAS PARA O DESMAME — 160
   Papa de mandioquinha — 161
   Papa de frango com beterraba — 161
   Papa de carne bovina, batata e couve — 162
   Papa de arroz, cenoura e ovo — 162
   Papa de carne, macarrão e abobrinha — 163

SANDUÍCHES — 164
   Sanduíche de queijo — 165
   Sanduíche de frango — 165
   Hambúrguer — 166
   Bife de hambúrguer caseiro — 166
   Sanduíche de presunto — 167
   Sanduíche de frango desfiado — 167
   Sanduíche de cenoura — 168
   Misto-quente — 168

SALADAS — 169
   Salada simples — 170
   Salada tropical — 170
   Salada de beterraba com maçã — 171
   Salada de batatas — 171
   Salada colorida — 172
   Salada de macarrão — 172
   Salada mista colorida — 173

MASSAS — 174
   Macarrão à bolonhesa — 175
   Ravióli com molho branco — 176
   Panquecas — 176
   Macarrão gravata colorido — 177

Lasanha com legumes	178
Penne com frango desfiado	178
Canelone com atum	179
Espaguete com escarola e atum	179
GUARNIÇÕES OU ACOMPANHAMENTOS	**180**
Couve-flor gratinada	181
Berinjela à pizzaiolo	181
Batata especial	182
Vagem colorida	182
Purê de batata-doce	183
Risoto rápido	183
Refogado de legumes	184
CARNES	**185**
Pescada com ervas	186
Peito de frango crocante	186
Carne de panela	187
Filé ao molho de vinho	187
Lombo ao molho de laranja	188
Medalhões de frango	188
Abobrinha recheada com carne moída	189
SOBREMESAS	**190**
Salada de frutas	191
Musse de maracujá	191
Cajuzinho de banana	192
Sorbet de abacaxi	192
Maçã assada	193
Flan de pera	193
Pavê de morango	194
BIBLIOGRAFIA	**195**
ANEXOS	**201**
ANEXO 1 – Portaria n. 424, de 19 de março de 2013	203
ANEXO 2 – Recomendações nutricionais diárias para crianças – ambos os sexos, de 0 a 12 meses	213
ANEXO 3 – Recomendações nutricionais diárias para crianças – ambos os sexos, de 1 a 8 anos	215
ANEXO 4 – Recomendações para meninas e mulheres, com idade de 9 a 30 anos	217
ANEXO 5 – Recomendações para meninos e homens a partir de 9 até 30 anos	219
ANEXO 6 – Recomendação de macronutrientes para crianças	221
ANEXO 7 – Vitaminas lipossolúveis	222
Vitaminas hidrossolúveis	223
Sais minerais	224
ANEXO 8 – Exemplo de cardápio – criança e adolescente	227
ANEXO 9 – Prevalência de obesidade por sexo e idade no Brasil	230

Introdução

A obesidade é um problema grave que exige formas de tratamentos efetivos e urgentes, principalmente durante o crescimento infantil e a adolescência, para que os grupos que fazem parte dessa faixa etária não sofram com as doenças resultantes desta patologia.

É imprescindível que as organizações, instituições, famílias, escolas, profissionais da saúde e da educação tenham um plano de ação com projetos de alimentação saudável e atividade física, com início na infância e que se prolongue na vida adulta, melhorando a qualidade de vida de crianças, adolescentes e adultos. As estratégias e os planos de ação de alimentação saudável devem ser voltados à orientação de famílias e às escolas, pelos dirigentes, professores, responsáveis pela elaboração da merenda escolar, desde o início da socialização da criança, com orientações sobre o consumo dos alimentos nutritivos e da prática da atividade física.

O alimento deve ser um produto respeitado porque se alimentar é mais do que o ato mecânico de saciar a fome – é uma ação responsável pela boa saúde. É um desafio planejar alimentação saudável e balanceada para crianças e adolescentes de todas as classes sociais e diversidades regionais. O marketing dos alimentos "práticos e saborosos" contribui para uma alimentação altamente energética, rica em gorduras, açúcar e sal, que, consequentemente, colabora para o ganho elevado de peso.

A alimentação saudável é responsável pelo bom estado físico e mental, é um fator de grande interação social, e também é uma ação agregadora com forte componente emocional.

Boas propostas de educação alimentar e nutricional são indispensáveis para que haja um desenvolvimento biopsicossocial e cultural adequado a essas fases da vida, e apresentem melhorias na saúde e sejam capazes de diminuir os custos com a obesidade, que já atinge altos níveis no país e no mundo.

Estima-se que a prevenção do sobrepeso e da obesidade reduz em cerca de 30% a incidência de doenças cardiovasculares, entre outras, ocasionadas pelo excesso de peso.

Os dados atuais sobre obesidade em crianças brasileiras são alarmantes: cerca de 13% da população infantil sofre de obesidade, e uma em cada três crianças tem sobrepeso (ABESO, 2014).

A obesidade começa a se apresentar em crianças aos seis meses de vida, resultante do desmame precoce. Decerto. essas crianças continuarão obesas durante toda infância e adolescência e, estatisticamente, serão adultos obesos.

A obesidade é também um fator de risco para várias doenças como hipertensão, diabetes, problemas respiratórios e articulares, doenças cardiovasculares e ainda colabora para a baixa autoestima dos jovens no contexto social.

A parcela dos meninos e rapazes de 10 a 19 anos de idade com excesso de peso passou de 3,7% (1974-1975) para 21,7% (2008-2009). Entre as meninas e moças, o crescimento do excesso de peso foi de 7,6% para 19,4%, segundo dados do IBGE 2008-2009.

Torna-se necessária a aplicação de métodos mais eficazes para a educação alimentar associados à prática da atividade física, a fim de vencer a batalha para a manutenção da saúde e bem-estar na infância e na adolescência.

A autora

PARTE 1

AS GORDURAS

1. A digestão e a absorção dos nutrientes

A alimentação humana é composta por alimentos variados que são fontes de diferentes nutrientes. Os nutrientes são identificados pelas funções que exercem no organismo e são eles: os carboidratos, as proteínas, os lipídios, os sais minerais, as vitaminas e a água.

Os nutrientes que compõem os alimentos estão ligados a grandes moléculas que não são diretamente absorvidas no intestino. O sistema digestório tem a capacidade de reduzir essas moléculas grandes em moléculas menores tornando-as absorvíveis. O mecanismo de absorção e transporte dos nutrientes é imprescindível para que os nutrientes cheguem até as unidades celulares. Caso esse processo não ocorra, poderá resultar em desnutrição ou déficit de nutrientes, mesmo numa alimentação equilibrada.

Figura 1.1: Alimentos saudáveis

1.1 O SISTEMA DIGESTÓRIO

O *sistema digestório* é formado por um longo tubo muscular que se inicia na boca e continua pelo esôfago, estômago, intestino delgado, intestino grosso e se estende até o reto. Seus órgãos acessórios são: fígado, pâncreas e árvore biliar.

As funções do sistema digestório são:

- Receber os alimentos, triturar, macerar e transportar esses produtos;
- Ativar a secreção das enzimas digestivas, dos ácidos, do muco e da bile;
- Proceder à ação efetiva da digestão;
- Absorver e transportar os nutrientes da digestão para os demais órgãos;
- Transportar, armazenar e excretar os resíduos alimentares.

A *boca* recebe os alimentos e por meio da mastigação dos alimentos pelos dentes reduz o seu tamanho, misturando-os à saliva para facilitar a ação enzimática. A saliva neutraliza as substâncias ácidas e mantém o pH da boca entre o neutro e o levemente ácido para facilitar a ação da ptialina (MELLO, 2008).

A *língua* movimenta o alimento transformado em bolo alimentar e empurra-o em direção a garganta, para que ocorra a deglutição na faringe, seguindo em direção ao esôfago.

A *faringe* situa-se no final da cavidade bucal e é um tubo comum aos sistemas digestório e respiratório. A faringe recebe o alimento que se conduz ao esôfago e recebe o ar, que se dirige à laringe no ato da respiração.

O *esôfago* é um tubo que liga a faringe ao estômago; localiza-se entre os pulmões, atrás do coração, e atravessa o músculo diafragma, que separa o tórax do abdome. A principal função do esôfago é transportar o bolo alimentar e os líquidos por meio de movimentos peristálticos da cavidade oral até o estômago.

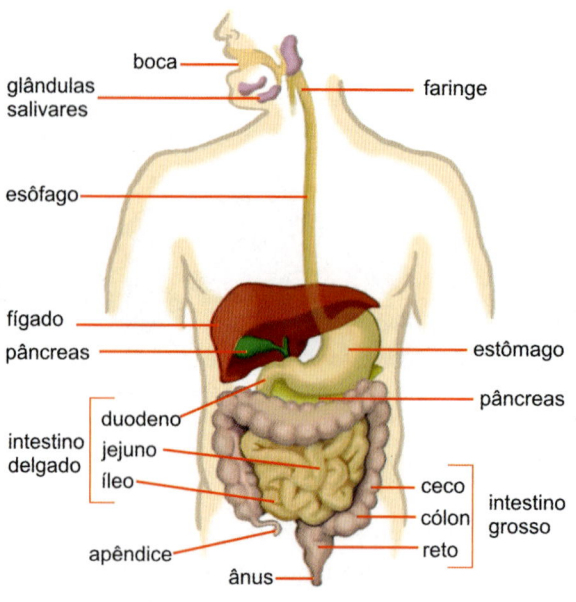

Figura 1.2: Sistema digestório

A língua

Em sua superfície, estão dezenas de papilas gustativas constituídas por células sensoriais que identificam os quatro sabores primários: o sabor amargo, o azedo ou ácido, o salgado e o doce.
Dessa combinação resultam centenas de sabores distintos.

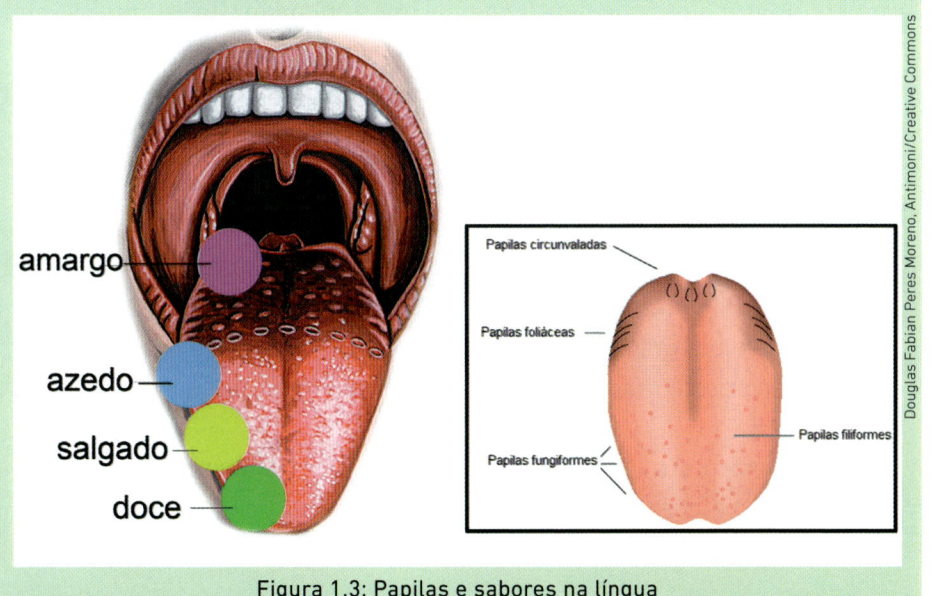

Figura 1.3: Papilas e sabores na língua

O *estômago* tem formato de bolsa, localizando-se ao lado esquerdo do abdome, entre as últimas costelas. Faz a união do esôfago com o intestino delgado. O estômago é responsável pelo armazenamento temporário dos alimentos já macerados e pela digestão dos alimentos proteicos.

O estômago é composto de:

Segmento superior: é a parte mais volumosa denominada *porção vertical*, formada por duas partes superpostas: a *grande tuberosidade* no alto, e o corpo e a parte mais baixa, a *pequena tuberosidade*.

Segmento inferior: é a denominação da porção horizontal que se encontra separada do duodeno pelo piloro (esfíncter). A borda direita, que é côncava, é chamada de pequena curvatura. A borda esquerda, a parte convexa, é chamada de grande curvatura. E cárdia é a denominação do orifício esofagiano.

O estômago é composto por quatro túnicas, denominadas:

- Túnica serosa – o peritônio;
- Túnica muscular – a parte mais desenvolvida;
- Túnica submucosa – formada por tecido conjuntivo;
- Túnica mucosa – cuja função é secretar o suco gástrico.

O estômago é o órgão responsável pela produção do suco gástrico. Também produz a enzima pepsinogênio, que atua na luz do estômago, sendo ativada na presença do suco gástrico, transformando-se em *pepsina*.

A pepsina, ao tornar-se ativa, catalisa as proteínas no processo de *quimificação* dando origem ao *quimo*.

Suco gástrico

É um líquido claro, transparente, altamente ácido, constituído de ácido clorídrico, muco, enzimas e sais.

O ácido clorídrico é responsável por manter o pH do interior do estômago entre 0,9 e 2,0.

Dissolve a estrutura intercelular dos tecidos dos alimentos, auxiliando a fragmentação mecânica iniciada pela mastigação.

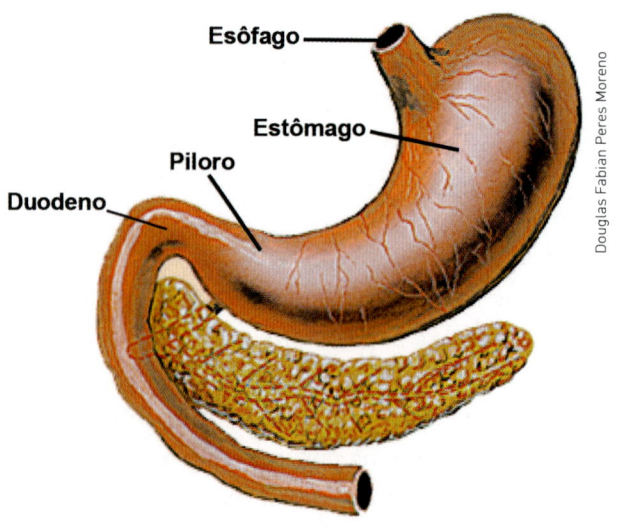

Figura 1.4: Estômago

O *intestino delgado* é um órgão de grande extensão, com cerca de 3 a 6 m, com a sua superfície de absorção organizada em camadas com mucosas em *convoluções* – as válvulas coniventes. São dobras revestidas por projeções chamadas de *vilosidades* que, por sua vez, são revestidas de *microvilosidades* ou bordas em escova. Essa combinação permite aumentar a superfície de absorção para cerca de 250 m².

Essa estrutura repousa num suporte chamado *lâmina própria*, formada por tecido conjuntivo com vasos sanguíneos e linfáticos que recebem os produtos da digestão.

O intestino delgado é um longo tubo dividido em três regiões, que são:

Duodeno: estrutura com cerca de 25 cm de comprimento que apresenta forma de uma ferradura – curvatura chamada de *porção superior*. Está ligado à parte inferior do estômago por meio de um esfíncter, o *piloro* – cuja função é esvaziar o conteúdo do estômago no intestino. É o local onde o quimo, recebido do estômago, sofre a digestão. O quimo, ao receber ação da bile, enzimas e outras secreções é transformado em *quilo*.

O *jejuno* tem cerca de 2,5 m, e o íleo, próximo de 1,5 cm de comprimento. É nessa região que ocorre a absorção dos nutrientes por meio de mecanismos ativos ou passivos.

A superfície interna ou mucosa que reveste esses órgãos apresenta inúmeros dobramentos maiores e milhões de pequenas dobras (4 a 5 milhões), chamadas *vilosidades*, que é um traçado que aumenta a superfície de absorção intestinal. As membranas das próprias células do epitélio intestinal apresentam, por sua vez, dobrinhas microscópicas denominadas *microvilosidades*. O intestino delgado também absorve a água ingerida, os íons e as vitaminas.

O intestino delgado recebe secreções do pâncreas, da vesícula biliar e do fígado e atua na hidrólise, no transporte e absorção.

O *intestino grosso* e o *reto* absorvem água, eletrólitos e produtos finais da digestão.

O intestino grosso tem a função de armazenar temporariamente os resíduos da alimentação que servem de meio para a síntese bacteriana e de algumas vitaminas.

O reto e o ânus são responsáveis pela excreção dos resíduos.

As glândulas da mucosa do intestino grosso secretam muco, que lubrifica as fezes, facilitando o trânsito para eliminação dos resíduos da alimentação pelo reto.

A função da flora intestinal presente no intestino grosso é essencial na fermentação dos carboidratos e das fibras e, principalmente, dos ácidos graxos de cadeia curta – AGCCs – e dos gases.

Legger/Dreamstime

Eduardo Borges

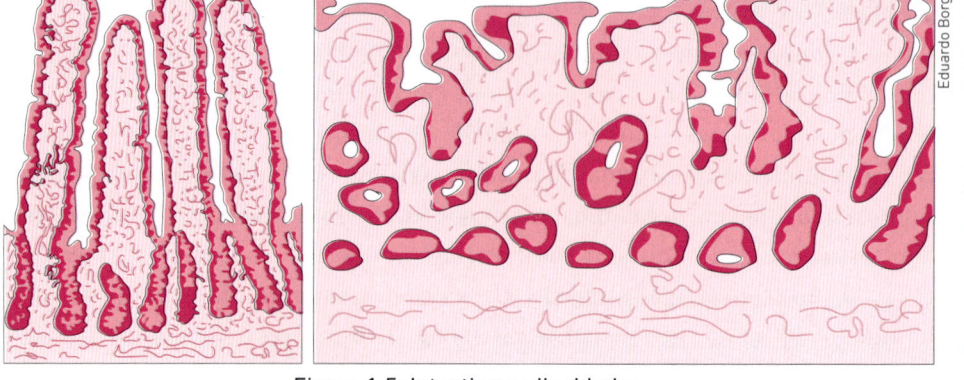

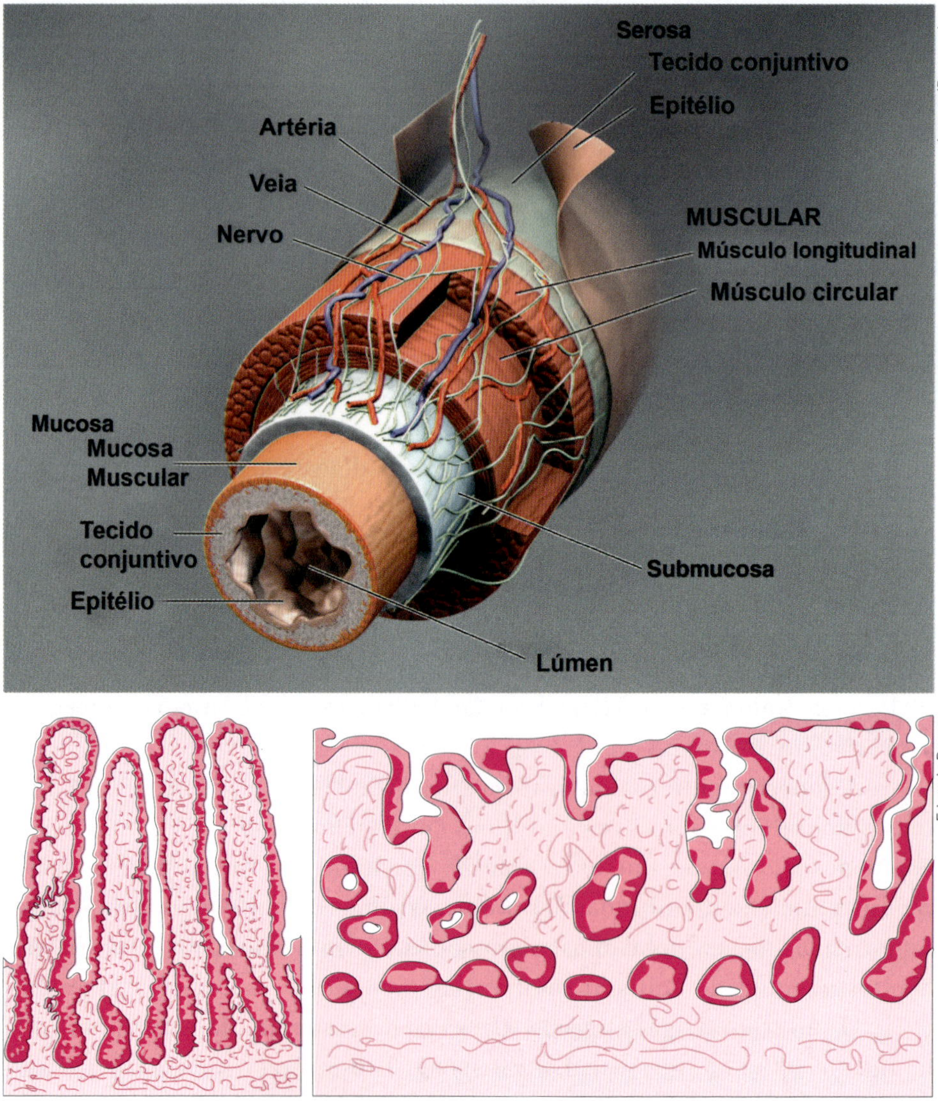

Figura 1.5: Intestino e vilosidades

Os AGCCs têm a função de manter normal a mucosa do cólon e o equilíbrio da absorção do sódio e da água.

A digestão dos alimentos se completa com a hidrólise coordenada pela ação enzimática. O ácido clorídrico, a bile e o bicarbonato de sódio atuam como cofatores do processo digestivo e da absorção.

As enzimas digestivas, chamadas de exoenzimas, são sintetizadas por células especializadas que se situam na boca, no estômago, no pâncreas e no intestino delgado. Apresentam a função de catalisar a hidrólise dos nutrientes nas áreas externas das células (SILVERTHORN, 2010).

As endoenzimas estão localizadas nas membranas lipoproteicas das células mucosas e se ligam aos substratos assim que chegam às células.

Os lipídios, as proteínas, os dissacarídeos e os polissacarídeos são convertidos para constituintes mais simples a fim de serem absorvidos.

A água, as vitaminas, os sais minerais, os monossacarídeos e o álcool são absorvidos na sua forma original.

1.2 O PROCESSO DIGESTIVO

Na boca ocorrem o corte e a trituração dos alimentos que são umedecidos pela saliva. A saliva é produzida por três pares de glândulas salivares: as glândulas parótidas, a submaxilar e a sublingual.

Diariamente, são produzidos cerca de 1,5 L de saliva.

A α-*amilase* chamada de *ptialina* tem a função de iniciar a digestão do amido. Outro tipo de saliva que contém um muco proteico lubrifica o bolo alimentar (massa alimentar mastigada) e facilita a deglutição.

O bolo alimentar passa pela faringe sob controle voluntário, mas, ao passar para o esôfago, o processo de deglutição é involuntário. O peristaltismo – movimentos involuntários do esôfago – move o bolo alimentar para o estômago.

1.2.1 A digestão no estômago

O estômago está constituído de: segmento superior ou porção cárdica, a grande região ou fundo e o segmento inferior ou passagem, onde se situa o piloro. No fundo, os alimentos são armazenados e é onde ocorre a digestão gástrica.

O bolo alimentar, ao chegar ao estômago, é misturado a secreções gástricas por movimentos semelhantes a ondas e conduzido ao *antro*, local onde se localiza o piloro do estômago. A digestão química inicia-se na porção média, onde ocorre a secreção de *suco gástrico* – cerca de 2 a 2,5 L são produzidos ao dia.

O suco gástrico é composto por: ácido clorídrico, pepsinogênio protease inativo, hormônios gastrointestinais, gastrina, lipase gástrica, fatores intrínsecos e muco.

Durante o processo de digestão química, o bolo alimentar recebe cerca de 50% de água, torna-se semilíquido e passa a chamar-se *quimo*.

O esvaziamento do estômago demora de 1 a 4 horas, dependendo da quantidade e tipo de alimentos consumidos. Os carboidratos consumidos isoladamente deixam o estômago rapidamente; depois, as proteínas; e, por fim,

as gorduras. Numa mistura composta por esses três nutrientes, o esvaziamento do estômago é mais demorado.

Os líquidos deixam o estômago mais depressa do que os alimentos sólidos, assim como ocorre uma maior demora com as partículas grandes, e as pequenas deixam o estômago mais rapidamente (KRAUSE, 2004).

Os líquidos hipertônicos demoram mais tempo no estômago do que os isotônicos. Esse é um fator que interfere na ação do tratamento de náuseas, vômitos, obstrução parcial, gastroparese diabética e na dieta para desnutrição.

Os esfíncteres ou válvulas estomacais que guardam a sua entrada e saídas evitam o refluxo do quimo para a faringe e do duodeno para o estômago.

1.2.2 A digestão no intestino delgado

É nesse órgão que ocorre a maior parte dos processos digestivos e, principalmente, a absorção dos nutrientes. O intestino delgado está constituído de *duodeno, jejuno* e *íleo*.

Ao chegar ao duodeno, o quimo (alimentos misturados a sucos ácidos graças às secreções estomacais) é misturado aos sucos duodenais, às secreções do pâncreas e do trato biliar, move-se no sentido descendente de maneira lenta por um período de 3 até 10 horas para percorrer toda extensão do intestino delgado.

A bile é secretada no trato intestinal graças à ação da *colecistocinina*, que é estimulada na presença das gorduras e proteínas presentes no trato intestinal. A função da bile (formada por água e sais biliares) é emulsificar as gorduras, ação que facilita a digestão dos lipídios.

O pâncreas secreta as enzimas proteolíticas que atuam na digestão das proteínas, que são: *a tripsina*, a *quimotripsina*, a *carboxipolipeptidase*, a *ribonuclease* e a *desoxirribonuclease* (CHAVES, 2000).

A tripsina e a quimotripsina são secretadas em sua forma inativa e ativadas pela *enterocinase* presente no quimo. A amilase pancreática tem a função de hidrolisar o amido.

A *secretina* neutraliza o quimo altamente ácido.

1.3 ABSORÇÃO DOS NUTRIENTES NO INTESTINO DELGADO

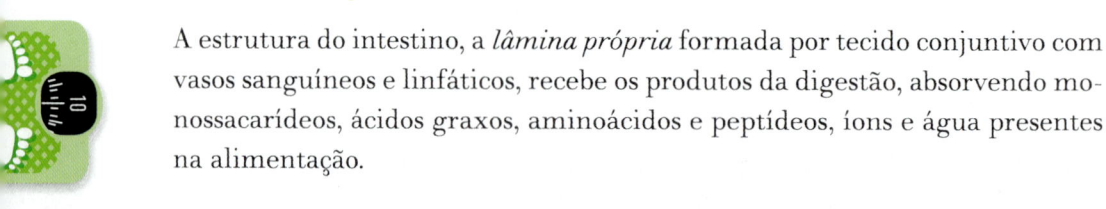

A estrutura do intestino, a *lâmina própria* formada por tecido conjuntivo com vasos sanguíneos e linfáticos, recebe os produtos da digestão, absorvendo monossacarídeos, ácidos graxos, aminoácidos e peptídeos, íons e água presentes na alimentação.

A absorção é um processo complexo combinado com a simples *difusão passiva*, como ocorre com os medicamentos, enquanto os nutrientes passam através das células da mucosa para dentro da corrente sanguínea, preferencialmente pelo processo chamado *transporte ativo*. Essa passagem utiliza canais proteicos – ação de *difusão simples*, e, em combinação com uma proteína carreadora, a ação é chamada *difusão facilitada*.

O *transporte ativo* exige gasto de energia para mover os íons e as substâncias como os nutrientes, que se combinam com a proteína carreadora. Alguns nutrientes compartilham a mesma substância carreadora podendo saturar a ação e tornar a absorção mais lenta. O carreador mais conhecido é o *fator intrínseco*, responsável pela absorção da vitamina B12 (KRAUSE, 2004).

Algumas substâncias, como as moléculas de glicose, galactose, aminoácidos, sódio, potássio, fósforo, cálcio, magnésio, ferro e iodo são conduzidas ao lúmen intestinal pela ação da *adenosina trifosfato* – ATP acompanhadas de um carreador.

Partículas grandes de proteínas podem ser absorvidas em pequenas quantidades através da *pinocitose* – uma pequena gota de conteúdos intestinais. Essa ação que ocorre na absorção das imunoglobulinas do leite materno pela criança.

1.4 A AÇÃO DA DIGESTÃO E A ABSORÇÃO DE NUTRIENTES

1.4.1 Carboidratos

A ação de digestão dos carboidratos inicia-se na boca com a enzima amilase salivar ou ptialina, que atua no amido hidrolisando-o em dextrina (ou isomaltose) e maltose. Essa ação continua no estômago até ser inativada

Raquel Ranieri, Andrjuss e Tatiana Popova/Shutterstock

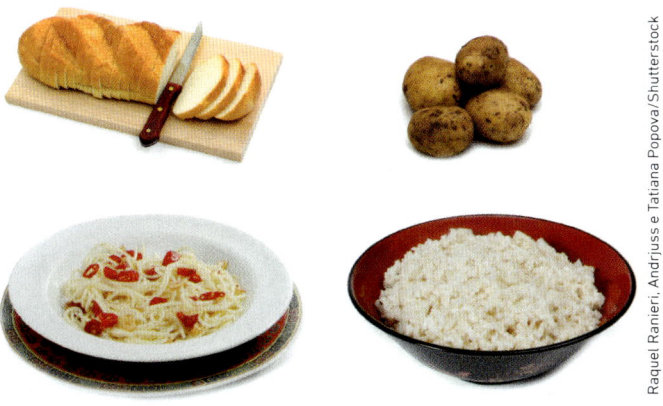

Figura 1.6: Alimentos fontes de carboidratos

pela presença do ácido clorídrico. A seguir, o carboidrato passa para o duodeno, onde ocorre a maior parte da atividade de digestão. No duodeno, a amilase pancreática quebra o amido em dextrina e maltose, e sob a ação da enzima *maltase* ocorre a quebra da maltose em glicose. Essa ação ocorre nas bordas em escovas das células epiteliais que revestem o intestino. Essas membranas celulares são responsáveis pela produção das enzimas *sacarase, lactase, maltase* e *isomaltase,* cuja ação é a quebra da sacarose, lactose, maltose e isomaltose.

Os monossacarídeos glicose, galactose e frutose, resultantes da ação de digestão, passam para as células mucosas e, através dos capilares das microvilosidades, chegam à corrente sanguínea e são transportados pela veia porta até o fígado.

A glicose e a galactose são absorvidas por transporte ativo por um carreador que é sódio-dependente, já a frutose é absorvida pela difusão facilitada, também sódio-dependente (COUTINHO, 2006).

A glicose é transportada do fígado para os tecidos, e parte dela se mantém armazenada no fígado e tecidos musculares sob a forma de glicogênio.

A frutose e a galactose são transportadas até o fígado e convertidas em glicose.

Algumas variedades de carboidratos, como celulose, hemicelulose e pectina não sofrem digestão no organismo humano e são excretadas nas fezes.

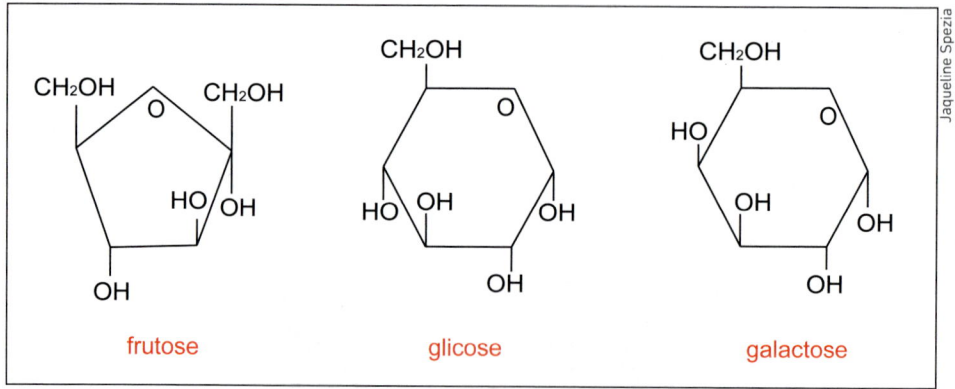

Figura 1.7: Estrutura química de carboidratos

1.4.2 Proteínas

A digestão das proteínas inicia-se no estômago, onde são quebradas em proteoses, peptonas e polipeptídios grandes.

O *pepsinogênio* inativo é convertido na enzima *pepsina* em contato com o ácido clorídrico. A pepsina age sobre o colágeno, proteína presente no tecido conjuntivo, mas a maior parte da ação da digestão das proteínas ocorre no duodeno.

O quimo na mucosa intestinal estimula a ação da *enterocinase*, enzima que transforma o tripsinogênio pancreático inativo em tripsina e ativa as outras enzimas proteolíticas pancreáticas: a tripsina, a quimotripsina e a carboxipolipeptidase. Elas são responsáveis por quebrar as proteínas intactas e continuam a quebra das proteínas, que se iniciou no estômago, até pequenos polipeptídios e aminoácidos.

A fase final da digestão das proteínas ocorre nas bordas em escova, onde os dipeptídeos e tripeptídeos são hidrolisados em aminoácidos constituintes por *hidrolases peptídicas* (PHILLIPI, 2008).

As peptidases proteolíticas presentes nas bordas em escova do intestino também agem nos polipeptídios transformando-os em tripeptídeos, dipeptídeos e aminoácidos. Alguns peptídeos pequenos são absorvidos intactos.

Os aminoácidos são absorvidos através de quatro sistemas distintos de transporte ativo, que são:

- O básico, o neutro, o ácido e um para prolina e hidroxiprolina.

O transporte dos aminoácidos ocorre da mesma forma que o transporte da glicose. Os peptídeos e aminoácidos são absorvidos e transportados para o fígado através da veia porta para, mais tarde, serem liberados na circulação sanguínea.

Figura 1.8: Alimentos fontes de proteínas

Figura 1.9: Estrutura básica de um aminoácido. Apresenta um carbono alfa, ao qual está ligado um grupo amino (onde há um nitrogênio), um grupo carboxílico representado pela dupla no oxigênio e uma hidroxila, um hidrogênio e R1, que significa um radical, porção que diferencia os tipos de aminoácidos.

Da proteína ingerida, apenas 1% é encontrado nas fezes. Alguns aminoácidos encontrados nas células epiteliais são utilizados na síntese de enzimas intestinais e de novas células. Grande parte das proteínas endógenas das secreções intestinais e células epiteliais descamadas são digeridas e absorvidas a partir do intestino delgado.

1.4.3 Lipídios

A digestão das gorduras inicia-se no estômago por meio da ação da lipase gástrica que hidrolisa parte dos triglicerídeos de cadeia curta (como a gordura do leite e manteiga) em ácido graxo e glicerol.

As demais gorduras sofrem ação da digestão no intestino delgado.

No entanto, a presença da gordura no estômago estimula a liberação da *enterogastrona*, que inibe a motilidade gástrica para que a passagem das gorduras para o duodeno torne-se lenta. Essa inibição faz que uma refeição com grande quantidade de gordura permaneça mais tempo no estômago até ser conduzida aos poucos ao duodeno.

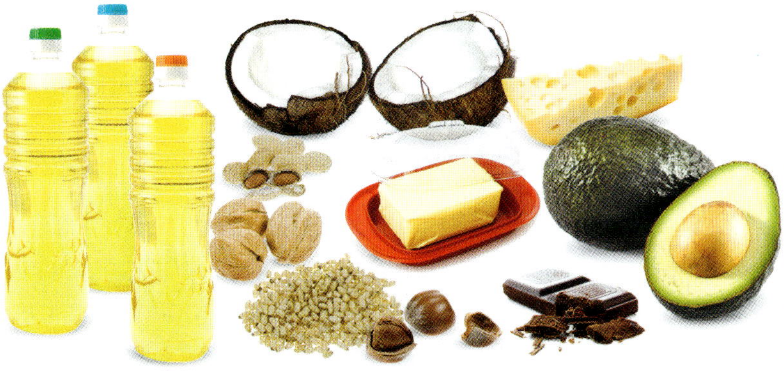

Eleden/Dreamstime, Aleksandr Ugorenkov/PhotoXpress, Eric Gevaert, Madlen, Niderlander, Yuri Arcurs/Shutterstock

Figura 1.10: Alimento fonte de lipídios

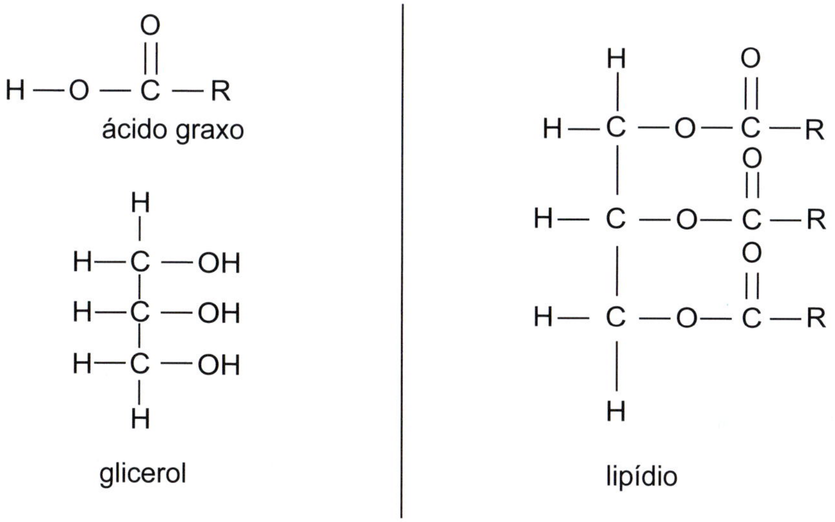

Jaqueline Spezia

Figura 1.11: Estrutura química do lipídio

No intestino delgado, a ação peristáltica quebra os glóbulos maiores de gordura em glóbulos menores sob ação emulsificante da bile, que os mantêm separados e mais acessíveis à ação da lipase pancreática.

A bile

É uma secreção do fígado composta por ácidos biliares (ácido glicocólico, taurocólico), pigmentos biliares (responsáveis pela cor das fezes), sais inorgânicos, proteínas, colesterol, lecitina e outros componentes.
Seu armazenamento é na vesícula biliar, sendo secretada em resposta ao estímulo da presença do alimento gorduroso no estômago e no duodeno.

Os ácidos graxos livres, junto com os monossacarídeos resultantes da digestão, formam com os sais biliares substâncias chamadas *micelas*. As micelas têm a função de facilitar a passagem dos lipídios através do meio aquoso do lúmen intestinal para a borda em escova.

Após essa ação, os sais biliares são liberados dos componentes lipídicos e retornam ao lúmen intestinal.

> Grande parte dos sais biliares é reabsorvida no íleo terminal e reciclada, voltando ao fígado para ser secretada e pela vesícula biliar quando necessário. Essa ação é chamada circulação enterepática.

A quantidade de alimentos consumida diariamente irá determinar a ação do *pool* de ácidos biliares, que podem ser de 3 a 15 vezes ao dia.

Na célula da mucosa intestinal, os ácidos graxos e monoglicerídeos formam novos triglicerídeos, estes se juntam ao colesterol e aos fosfolipídios, e, circundados por uma membrana envolvente de betalipoproteína, formam os *quilomícrons*. Os quilomícrons são transportados pelos vasos linfáticos, após passarem pelos canais lácteos das vilosidades – processo chamado de *exocitose*. Após a passagem nos vasos linfáticos, são conduzidos para o ducto torácico e esvaziados na corrente sanguínea, na junção das veias jugular interna esquerda e subclávia esquerda (PHILLIPI, 2008).

Os quilomícrons são conduzidos para o fígado, local onde os triglicerídeos são reagrupados em lipoproteínas e transportados para o tecido adiposo, onde são metabolizados; o excesso é armazenado.

O colesterol é absorvido de forma similar após ser hidrolisado de sua forma éster pela *esterase colesterol pancreática*.

> Em condições normais de saúde, 97% da gordura ingerida é absorvida nos vasos linfáticos.

Alguns ácidos graxos de cadeia média (como os de 12 carbonos) não necessitam da presença de sais biliares para serem absorvidos. Após entrarem na célula mucosa, vão diretamente sem esterificação para a veia porta, que os carrega para o fígado, sendo que os triglicerídeos de cadeia média C8 e C10 são utilizados como gordura dietética.

As alterações na mucosa intestinal e ausência de bile diminuem a absorção das gorduras que, quando não digeridas, são eliminadas nas fezes, alteração conhecida como *esteatorreia*.

1.4.4 A absorção dos outros nutrientes

As *vitaminas lipossolúveis A, D, E* e *K* são absorvidas a partir do quadro micelar. As demais vitaminas hidrossolúveis, sais minerais e fluidos são absorvidos simultaneamente através da mucosa intestinal.

Grande parte das vitaminas e da água passam inalteradas pelo intestino delgado por difusão passiva. Da mesma forma ocorre a absorção dos medicamentos, muitas vezes competindo com aqueles nutrientes, podendo ocasionar diminuição ou aumento real da absorção tanto da medicação como dos nutrientes.

A absorção dos *sais minerais* ocorre em três estágios, que são:

I. Estágio intralumial

Quando ocorrem reações e interações químicas no estômago e trato intestinal dependentes do pH nestes órgãos e da composição dos alimentos.

II. Estágio de translocação

Quando ocorre a passagem dos sais minerais através da membrana para a célula da mucosa intestinal, sendo que o transporte de pequenos ânions é por difusão simples. Para os elementos catiônicos, é por difusão facilitada ou transporte ativo. Para alguns minerais, é utilizado mais de um método de transporte, dependendo da concentração de oligoelemento dos conteúdos intestinais.

III. Estágio de mobilização

Os sais minerais são transportados através de superfícies serosas das células intestinais para a corrente sanguínea ou são sequestrados para dentro das células.

O trato intestinal é o local de importantes interações entre os sais minerais, e vários tipos de medicamentos podem interferir na absorção do cobre e do ferro.

Alguns minerais, para serem absorvidos, necessitam de proteínas carreadoras, como a transferrina para o transporte do ferro. A albumina carrega uma variedade grande de minerais, e outros são transportados por aminoácidos e por complexos peptídeos.

A população microbiana do intestino grosso e do ceco tem importante papel na síntese de vitamina K, vitamina B12, tiamina, biotina, ácido fólico e niacina. As necessidades de vitaminas do complexo B variam de acordo com a qualidade e quantidade dos carboidratos da alimentação.

1.4.5 O processamento dos alimentos

Os alimentos cozidos são mais facilmente digeridos do que os crus. O cozimento dos alimentos abranda as fibras musculares das carnes e facilita a mastigação, que, por sua vez, estimula a produção de sucos digestivos.

As hortaliças cozidas também apresentam as suas fibras mais brandas e de fácil digestão.

As refeições pequenas e frequentes, com alimentos preparados de forma simples, como os cozidos, assados e ensopados, são mais facilmente digeridas do que as refeições grandes com muitos alimentos fritos e gordurosos.

Figura 1.12: Refeição

1.5 ENERGIA E OS EFEITOS TÉRMICOS DOS ALIMENTOS

Os alimentos ingeridos fornecem os nutrientes necessários para o crescimento e conservação do organismo, produzem a energia necessária para a formação e manutenção de células e tecidos, o funcionamento de todos os órgãos, o trabalho mecânico e a manutenção da temperatura corporal.

A energia química produzida pela variedade e combinação alimentar torna-se disponível para o organismo a partir da degradação oxidativa dos alimentos.

O carbono e o oxigênio são os principais elementos da produção de energia essencial para as funções orgânicas, seguidos pela oxidação do enxofre e fósforo, que formam o sulfato e o fosfato. O nitrogênio não é totalmente oxidado, sendo eliminado na forma de ureia.

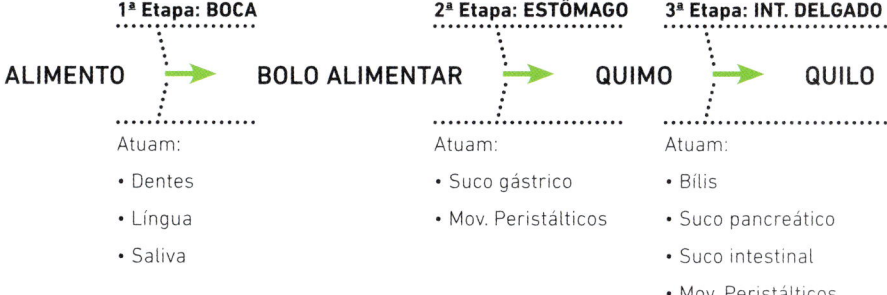

Figura 1.13: Etapas da digestão

A execução de todo trabalho realizado pelo organismo exige a utilização de energia. No organismo, toda produção de energia para o trabalho mecânico e as transformações químicas que sofrem os alimentos são responsáveis pelo conjunto de processos que chamamos de *metabolismo*.

A oxidação dos alimentos resulta na produção de calor. Quando o consumo de alimentos é alto, acima do necessário para a manutenção do corpo e sem atividade física, o excesso é transformado em gordura e armazenado.

A *termogênese obrigatória* é a parte do efeito térmico do alimento, ou seja, a energia necessária para que ocorram a digestão, a absorção e o metabolismo dos nutrientes.

O consumo de carboidratos e gorduras aumenta a taxa metabólica em 5% do total das calorias consumidas. Se a predominância do consumo for de alimentos proteicos, o aumento da taxa metabólica pode chegar a 25%, mas esses índices são alterados quando a alimentação é variada ou mista. Se a alimentação priorizar com exclusividade as proteínas ao calcularmos a termogênese obrigatória, usa-se um fator de 15% (DOUGLAS, 2008).

A chamada termogênese adaptativa ou facultativa é o aumento da taxa metabólica induzida pela ingestão de alimentos que atuam como agentes estimulantes do aumento da taxa metabólica, ou seja, proporcionam a queima de calorias. Essa termogênese é aumentada quando acompanhada de atividade física.

A termogênese adaptativa é estimulada pelo consumo de alimentos como: pimentas, canela, gengibre, vinagre de maçã, chás branco, verde e amarelo, cafeína e alimentos gelados, como água fria.

O consumo desses alimentos estimula a termogênese e, como consequência, a oxidação de gorduras, sendo capaz de influenciar potencialmente o peso e a composição corporal por meio de mudanças no gasto energético.

2. As gorduras

As gorduras formam um grupo heterogêneo de compostos que incluem os óleos, as gorduras e as ceras, substâncias encontradas nos alimentos e no corpo humano.

Contêm um ou mais ácidos graxos na molécula ou se combinam com os ácidos graxos em seu estado natural.

Apresentam propriedades comuns como:

- Insolubilidade na água;
- Solubilidade em solventes orgânicos como éter, benzina e clorofórmio;
- Capacidade de serem utilizados por organismos vivos.

A maioria das gorduras é formada por 95% de triglicerídeos, e os 5% restantes são ácidos graxos livres, fosfolipídios e esteróis. Os óleos e as gorduras são considerados misturas complexas de acilgliceróis ou glicerídeos.

A combinação de uma molécula de glicerol com três ácidos graxos resulta em triacilgliceróis, que são os principais constituintes dos lipídios, compostos por 95% de óleos ou de gorduras. São reconhecidos como triglicerídeos ou triglicerídeo.

Os acilgliceróis ou glicerídeos são ésteres de glicerol e ácidos graxos que resultam da ligação entre o álcool glicerol e um, dois ou três ácidos graxos. O número de ácidos graxos ligados ao glicerol o define como mono, di ou triacilglicerol.

Os monoacilgliceróis e diacilgliceróis também representam fração importante, de forma que os acilgliceróis contêm 99% da composição geral. Os ácidos graxos de forma livre representam menos de 1%, assim como os fosfolipídios, esteróis e vitaminas lipossolúveis presentes nos óleos e gorduras são próximos também de 1% (PHILLIPI, 2008).

Para a nutrição, os lipídios mais importantes são os simples, os compostos e os presentes nas vitaminas lipossolúveis.

2.1 CLASSIFICAÇÃO DAS GORDURAS

As gorduras são classificadas em:

Gorduras simples: são os ésteres de ácidos graxos e glicerol. Os lipídios são formados por ésteres de ácidos graxos e vários álcoois, e as ceras contêm outros álcoois além de glicerol.

Ácidos graxos: são cadeias não ramificadas contendo em uma das extremidades um grupo funcional ácido ou grupo carboxílico (-COOH) denominada extremidade delta e, na outra, um grupo metila (-CH3) denominada extremidade ômega. São quimicamente definidos como ácidos monocarboxílicos alifáticos.

A maioria das cadeias de ácidos graxos tem entre 4 e 22 carbonos, e os ácidos graxos de cadeia longa, de 16 a 18 carbonos, são os de maior prevalência. Os ácidos graxos podem ser de diversos tipos, como veremos a seguir.

2.1.1 Ácidos graxos saturados

Contêm o número máximo de hidrogênio na cadeia, chamada cadeia longa, e são os mais comuns em alimentos. Os ácidos graxos de cadeia média e curta são também saturados. O nível de saturação determina a consistência da gordura em temperatura ambiente. Em geral, quanto maior a cadeia e quanto mais saturada, mais firme será a gordura em temperatura ambiente. A exceção é o óleo de coco, que é saturado e se mantém líquido em temperatura ambiente devido à predominância de ácidos graxos de cadeia curta.

As gorduras presentes nas carnes de boi, de aves, peixes; em suínos, como a banha e o *bacon*; a gordura dos laticínios, como a nata, a manteiga e a gordura dos queijos; e nos vegetais, a gordura de palmeiras como o dendê e a do coco são exemplos de gordura saturada.

2.1.2 Ácidos graxos insaturados

São os que apresentam dupla ligação entre os carbonos. Todos têm cadeia com pelo menos 16 carbonos, e, de acordo com o número de duplas ligações, são divididos em dois grupos: os monoinsaturados e os poli-insaturados, que apresentam duas ou mais dessas ligações.

2.1.3 Ácidos graxos monoinsaturados

São conhecidos como MUFA, contêm somente uma dupla ligação, sendo que o mais conhecido é o oleico. Apresentam-se como líquido viscoso.

São eles:

- Os óleos vegetais dos grãos de soja, de milho, canola e arroz;
- O azeite, óleos das frutas oleaginosas como as nozes, castanhas, amêndoas, amendoim, sementes como gergelim e outros.

No organismo, o ácido oleico é formado pelo estereato por meio da ação da enzima dessaturase.

2.1.4 Ácidos graxos poli-insaturados

São os que contêm duas ou mais duplas ligações carbônicas, conhecidos como PUFA, sendo que predomina na alimentação o ácido linoleico. Os mais comuns são o ômega 3 e o ômega 6, que apresentam funções essenciais na prevenção de doenças como a esclerose múltipla, doenças inflamatórias como artrite reumatoide e dermatite atípica, no tratamento da aterosclerose e outras doenças cardíacas.

Estão presentes nas sementes oleaginosas de vegetais como azeite, frutas oleaginosas, peixes de águas profundas e de água gelada, como o salmão.

2.1.5 Ácidos graxos essenciais

O organismo humano é capaz de produzir ácidos graxos saturados e insaturados a partir dos carboidratos e proteínas, mas existem dois ácidos graxos insaturados, considerados essenciais, que o organismo não sintetiza.

São os ácidos graxos que previnem várias deficiências do organismo e não são sintetizados pelo organismo humano. São eles: o ácido linoleico (ômega 6) e o ácido α-linoleico (ômega 3), utilizados pelo organismo como matéria-prima para outros ácidos graxos biologicamente ativos.

O ácido linoleico, quando sofre ação da enzima dessaturase, pode ser convertido em ácido gama-linoleico e ácido araquidônico. As suas principais funções são atuar no início do desenvolvimento cerebral e prevenir a dermatite.

Estes ácidos também formam hormônios que auxiliam no controle da pressão sanguínea, frequência cardíaca, coagulação do sangue e na resposta imunológica.

Fazem parte deste grupo:

I. Ácidos graxos ômega 3 e 6

São constituintes de estruturas celulares e formam membranas. São ácidos precursores dos eicosanoides compostos de vinte carbonos biologicamente ativos, que apresentam função semelhante aos hormônios.

Os ácidos graxos essenciais, como o ácido α-linolênico e seus derivados, reduzem os riscos de doenças cardiovasculares, doenças inflamatórias como artrite reumatoide e várias outras.

Os eicosanoides também participam da coagulação do sangue, de processos anti-inflamatórios, na resposta imune, e incluem as prostaglandinas, os tromboxanos, os leucotrienos e as lipoxinas.

A produção de ácidos graxos insaturados a partir dos ácidos linoleico e linolênico ocorre por ação das enzimas elongases e dessaturases, razão pela qual o organismo não pode sintetizar estes ácidos a partir dos ácidos graxos nem converter o ácido ômega 6 em ômega 3.

A partir do ácido linoleico, o organismo pode sintetizar o ácido araquidônico, que, por sua vez, origina o eicosanoide da família ômega 6. A partir do ácido α-linolênico, o organismo sintetiza outros ácidos do grupo ômega 3, que são altamente insaturados e importantes para o metabolismo.

Suas fontes alimentares são os óleos vegetais, e peixes como o salmão e a sardinha.

II. Ácidos graxos *trans*

As gorduras vegetais hidrogenadas são produzidas a partir dos óleos vegetais utilizados como matéria-prima. Durante a industrialização ocorre o aumento da proporção dos ácidos graxos saturados. No processo de hidrogenação catalítica são inseridos átomos de hidrogênio em duplas ligações carbono-carbono de ácidos graxos insaturados, convertendo-os em ligações simples e reduzindo o grau de instauração dos óleos.

A hidrogenação é conduzida parcialmente, ou seja, ocorre a eliminação de apenas uma parte das ligações duplas ou é realizada em diferentes graus que resultam em gordura vegetal parcialmente saturada.

O grau de saturação determina o ponto de fusão da gordura resultante da hidrogenação e irá definir as características de solidificação, derretimento e dureza em temperatura ambiente.

A hidrogenação parcial aumenta a estabilidade química dos óleos utilizados como matéria-prima, portanto as gorduras hidrogenadas apresentam melhor resistência a oxidação e a reações químicas ocasionadas pelo calor em razão da redução do teor de ácidos graxos insaturados.

A hidrogenação catalítica realizada utilizando níquel como catalisador e à alta temperatura resulta na isomeração *cis-trans* de ligações duplas remanescentes, causando a formação de ácidos graxos *trans*.

As gorduras hidrogenadas desta forma podem ter entre 10 a 40% de ácidos graxos com configuração *trans*. Os ácidos de configuração *trans* contribuem para a elevação do ponto de fusão da gordura vegetal, se fundem a uma temperatura mais alta que seus respectivos isômeros *cis* (PHILLIPI, 2008)

As alternativas da indústria alimentícia para essas gorduras têm procurado meios de redução para diminuir ou eliminar os ácidos graxos *trans* em alimentos por meio do uso do catalisador metálico como a platina, que possibilita o uso de temperaturas brandas, próximas de 70 °C, e reduz a formação de ácidos graxos *trans*.

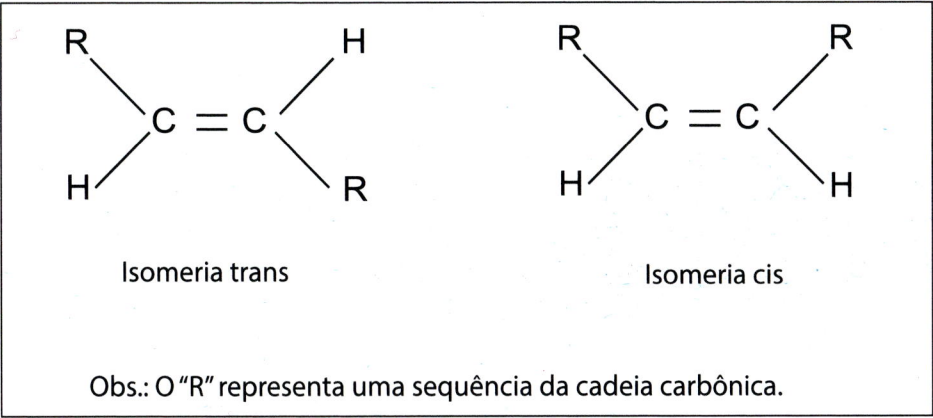

Figura 2.1: Isomeria *trans* e *cis*

A alternativa utilizada na indústria de gorduras é a interesterificação, química ou enzimática, para modificar as propriedades físicas dos óleos vegetais como o ponto de fusão sem aplicação da reação de hidrogenação. Essa alternativa ou redistribuição pode ser intra ou intermolecular e alterar o ponto de fusão e as propriedades como textura, consistência à temperatura ambiente e também a plasticidade. Na mistura de óleos nesse processo ocorre um intercâmbio de ácidos graxos entre os triacilgliceróis de cada variedade de óleo resultando em um produto diferente.

O fracionamento é outra técnica utilizada. É um processo que consiste na separação de frações que apresentam diferentes pontos de fusão, seja de um óleo ou gordura vegetal. Não modifica os triacilgliceróis quimicamente, apenas a separação de duas frações: uma com maior e outra com menor ponto de fusão em cada etapa do processo. Esse fracionamento pode ser empregado também em gordura de origem animal.

Os ácidos graxos monoinsaturados nos alimentos encontram-se na forma *isômero cis*, o que significa que os hidrogênios estão do mesmo lado da dupla união. No processamento industrial das gorduras, os ácidos graxos *trans* – hidrogênios transversalmente uns aos outros – são formados na adição do hidrogênio a óleos líquidos para torná-los semissólidos ou pastosos. Na saturação, os PUFAS tornam-se MUFAS. As fontes alimentares de ácidos graxos *trans* são as gorduras vegetais, margarinas e alimentos de panificação e industrializados, como os *chips*.

III. Triglicerídes ou triacilgliceróis

São identificados como lipídios que contêm até três cadeias de ácidos graxos esterificados em uma molécula de glicerol.

As propriedades químicas dos triglicerídeos são determinadas pela proporção e estrutura química de seus ácidos graxos constituintes, sendo que os ácidos menores e menos insaturados (com menos ligações carbônicas) são óleos líquidos em temperatura ambiente.

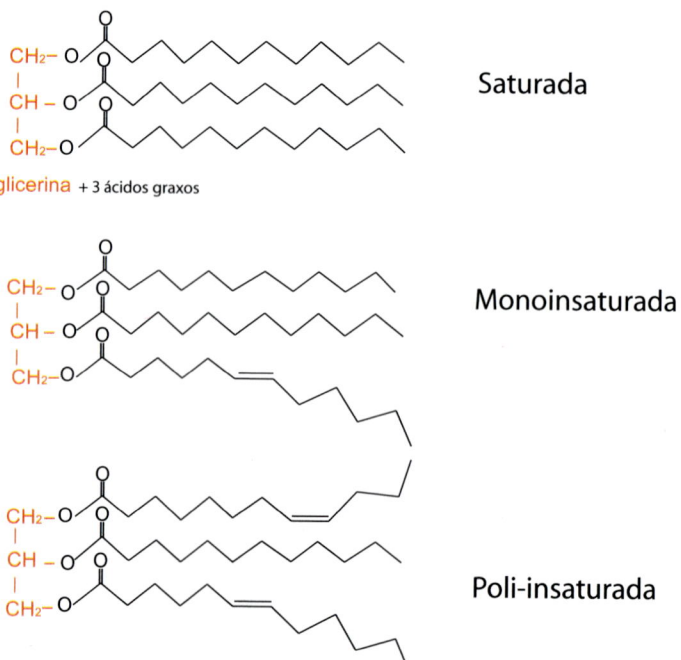

Figura 2.2: Representação da estrutura química dos triglicerídeos

IV. Lipídios compostos

São os lipídios em que um dos ácidos graxos é substituído por uma substância que contém fósforo, como o ácido fosfórico, e são identificados como *fosfolipídios* ou *fosfoacilgliceróis*.

Sua estrutura geral é composta por uma molécula de glicerol unida por ligação éster a dois ácidos graxos de cadeia longa e a um grupo fosfato, este ligado a uma base nitrogenada, geralmente um álcool derivado da serina, etanolamina, colina ou inositol.

São encontrados combinados com as proteínas nas membranas celulares, onde facilitam a passagem das demais gorduras para dentro e para fora das células, e no sangue, agindo como agente de transporte dos lipídios.

Nesse grupo destacam-se:

Lecitina: é uma *fosfatidilcolina* muito comum em alimentos. Contém ácido fosfórico e a base colina, que contém nitrogênio.

Por sua molécula de caráter lipofílico e por apresentar propriedades de estabilizar emulsões, é utilizada como agente emulsificante em produtos de confeitaria, como bolos e pães.

Transporta e utiliza os ácidos graxos e o colesterol pela ação da enzima *lecitina-colesterol aciltransferase.*

Encontra-se em alimentos como soja, amendoim, gérmen de trigo e gema de ovos.

Não é considerado nutriente essencial porque o organismo sintetiza as necessidades orgânicas necessárias. Quando ingerida na dieta, passa primeiro pelo processo de digestão antes de ser absorvida, portanto a suplementação é desnecessária.

Cefalinas: são fosfolipídios que contêm *inositol*, substâncias com características semelhantes à das vitaminas. Neste grupo encontramos também as *esfingomielinas,* que são formadas por um complexo aminoálcool no lugar do glicerol. São encontradas em altas concentrações no tecido nervoso.

As cefalinas formam as *tromboplastinas*, substâncias que atuam no processo de coagulação sanguínea.

As esfingomielinas são encontradas na bainha de mielina, no tecido nervoso e no cérebro.

Os *fosfolipídios* são necessários, pois:

- Absorvem gorduras, por sua característica *anfipática*, ou seja, em relação à água são polares e apolares, possuem solubilidade e insolubilidade;
- Desempenham função significativa na estrutura das micelas;

- São parte integrante da ressíntese dos triglicerídeos pelas células epiteliais da mucosa intestinal;
- São indispensáveis à formação das lipoproteínas;
- Estão relacionados com as estruturas e os processos metabólicos de certos componentes celulares indispensáveis a vida das células;
- Estão envolvidos com a síntese proteica e a secreção das proteínas de órgãos como o pâncreas;
- Estão presentes no núcleo, na mitocôndria e no microssomo, na forma de *fosfatidil-colina*, com a função de insulador de enzimas da matriz da mitocôndria como as transferências de elétrons e fosforilação oxidativa;
- Atuam na coagulação do sangue por meio da formação da tromboplastina, substância necessária para iniciar o processo de coagulação, composta pelas cefalinas;
- São componentes da bainha de mielina de fibra nervosa, importante para a condução dos estímulos nervosos;
- Atuam como isolantes em volta da fibra nervosa por apresentarem baixa constante dielétrica, sendo maus condutores de eletricidade;
- São doadores de radicais-fosfato para diferentes reações do organismo;
- São doadores de colina e inositol, que atuam como fatores lipotrópicos;
- Têm propriedades aniônicas, são relacionados com o transporte e permeabilidade de cátions;
- São encontrados em todas as células e são abundantes na gema de ovo.

Glicolipídios: são substâncias que contêm a base esfingosina e uma longa cadeia de ácidos graxos. Fazem parte deste grupo os cerebrosídios e os gangliosídios. O principal carboidrato que é componente dos cerebrosídios é a galactose. Os gangliosídios contêm glicose e um composto com aminoaçúcar. Ambos são substâncias componentes do tecido nervoso e das membranas celulares quando apresentam a função de transporte de lipídios.

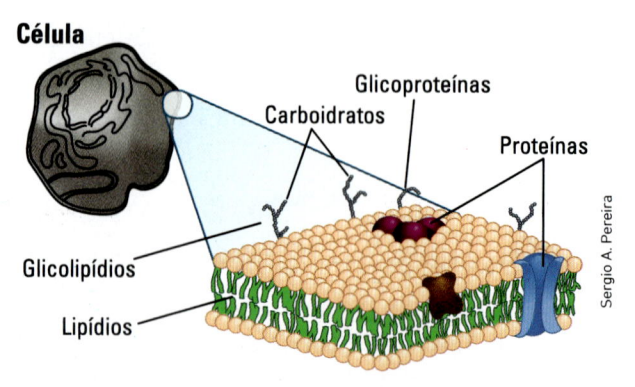

Figura 2.3: Esquema glicolipídios

Esteróis: estão presentes em pequenas quantidades em óleos e gorduras. Os esteróis são álcoois cuja estrutura apresenta um conjunto de quatro anéis hidrocarbônicos ligados entre si, incluindo um grupo hidroxila, característico dos álcoois e uma cadeia carbônica. Os esteróis são importantes constituintes essenciais das membranas celulares de animais e vegetais.

Nesse grupo, encontramos o colesterol e o ergosterol.

O *colesterol* é o principal esterol presente na fração lipídica dos alimentos exclusivamente de origem animal. É componente essencial da estrutura de todas as membranas celulares, além de constituir as células cerebrais e células nervosas.

O colesterol está presente em alimentos de origem animal e é sintetizado e armazenado no fígado; é responsável pela biossíntese de esteroides, hormônios adrenocorticais, hormônios sexuais como estrogênios, testosterona e progesterona e atua na formação dos ácidos biliares e encontra-se em alta concentração nas glândulas suprarrenais.

O colesterol participa dos processos de absorção das gorduras e da síntese da vitamina D3 (7-deidrocolesterol). Tem a função de proteger a córnea, tornando-a impermeável à absorção de substâncias hidrossolúveis e de agentes químicos porque é inerte a substâncias como ácidos e solventes. Protege todo tecido epitelial, evitando a evaporação excessiva da pele. É um dos principais componentes estrutural da membrana celular e responsável por sua integridade física. Apresenta constante dielétrica baixa; por ser mau condutor de eletricidade, atua como isolante ao servir de cobertura às estruturas de geração e transmissão de impulsos nervosos de caráter elétrico (DOUGLAS, 2008).

O colesterol orgânico tem duas fontes distintas: na síntese tecidual e da alimentação. Sua síntese endógena é autorregulada para suprir as necessidades celulares. Os tecidos extra-hepáticos não são capazes de catabolizar o colesterol.

Cerca de 70% das necessidades orgânicas de colesterol são sintetizadas no fígado, quantidades suficientes para cobrir as necessidades metabólicas diárias; o consumo externo deve ser próximo de 2 g (MINISTÉRIO DA SAÚDE, 1991).

Nos óleos e nas gorduras de origem vegetal encontram-se os fitoesteróis, que se diferenciam do colesterol pela presença de um grupo metila ou etila a mais na cadeia carbônica de suas estruturas. A similaridade estrutural faz que os fitoesteróis, presentes em vários alimentos como: óleo de soja, girassol e de outros vegetais, interfiram na absorção do colesterol, reduzindo ou aumentando a excreção fecal desta substância. Essa ação reduz os níveis séricos de colesterol e sua absorção intestinal (PHILIPPI, 2008).

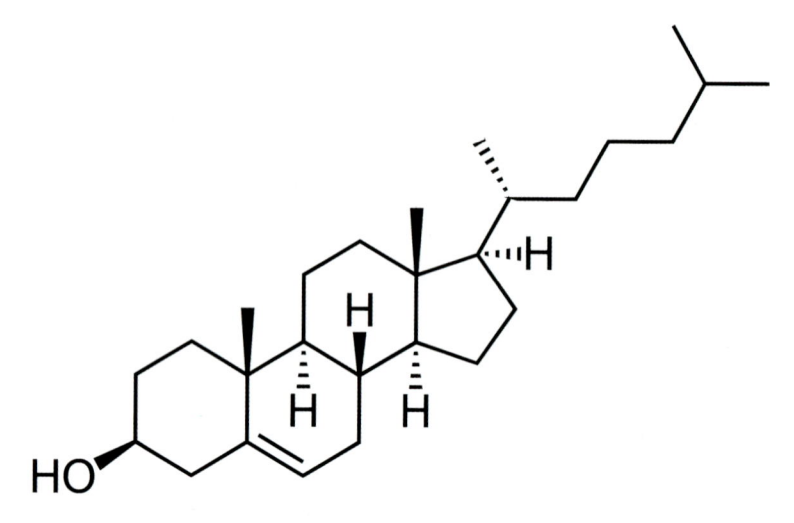

Figura 2.4: Estrutura química do colesterol

O *ergosterol*, acompanhado do colesterol, é precursor da vitamina D. O colesterol é convertido na mucosa intestinal na provitamina do colecalciferol e depositado na camada subcutânea do tecido adiposo. O ergosterol é um esterol que, na presença dos raios solares, forma a vitamina D.

2.2 TRANSPORTE E ARMAZENAMENTO DAS GORDURAS

Os lipídios ingeridos na dieta são absorvidos na mucosa intestinal e direcionados ao sistema linfático.

Os ácidos graxos de cadeia média são desviados do sistema linfático e diretamente absorvidos na veia porta.

Na linfa, os lipídios apresentam-se na forma de partículas de *quilomícrons* de triglicerídeos, colesterol e fosfolipídios na presença de quantidades mínimas de proteínas, e são absorvidos nas camadas externas.

O plasma apresenta-se com forma leitosa após uma refeição gordurosa.

Após a alimentação, a maior parte dos quilomícrons é removida do sangue e hidrolisada pela ação da lipase lipoproteica – LPL, uma enzima localizada nas células endoteliais que revestem os capilares em vários tecidos. A LPL do tecido adiposo é a mais ativa, durante o jejum esta atividade é aumentada nos músculos.

A LPL hidrolisa os triglicerídeos e fosfolipídios em ácidos graxos, glicerol e substâncias que contêm fósforo em tamanho suficiente para passar para as células. Nas células, são reesterificados em triglicerídeos e fosfolipídios e armazenados.

Os remanescentes dos quilomícrons são captados por receptores do fígado que reconhecem a apolipoproteína B-48, os quais são catabolizados. Os quilomícrons agem nos fosfolipídios, colesterol e apolipoproteínas trocando-os por lipoproteínas de alta densidade.

Grande parte da energia dos lipídios no organismo é transferida para os tecidos na forma de ácidos graxos livres, que são liberados das células adiposas no processo de lipólise.

Os ácidos graxos livres – AGL – são insolúveis em água, e seu transporte depende da albumina ao qual se ligam. A albumina pode ser importante no transporte dos ácidos graxos essenciais – AGE – no espaço intersticial, como o plasma.

As reservas energéticas dos lipídios são armazenadas nas células adiposas que formam o tecido subcutâneo – cerca de 50%; 45% no revestimento dos órgãos internos e cavidade abdominal e 5% presente no tecido intramuscular.

As células adiposas podem armazenar até 95% de seu volume de triglicerídeos. No armazenamento das gorduras, os triglicerídeos estão em constantes mudanças, embora mantenham o seu volume.

2.2.1 Metabolismo dos lipídios

São vários os tecidos do organismo que utilizam os ácidos graxos para produção de energia, com exceção do cérebro, células sanguíneas, medula renal e pele.

Os ácidos graxos são a maior fonte energética para o tecido muscular, mesmo com a presença da glicose. O glicerol pode ser oxidado em alguns tecidos, mas a maior parte é transportada para o fígado, onde sofre oxidação para produzir energia e sintetizado para novos triglicerídeos.

O fígado é o órgão mais importante para regulação dos níveis de lipídios no organismo.

As suas principais funções são:

- Síntese de triglicerídeos a partir de ácidos graxos, carboidratos e proteínas;
- Síntese dos outros lipídios, fosfolipídios e colesterol;
- Dessaturação de ácidos graxos (ácido oleico monoinsaturado);
- Catabolismo de triglicerídeos para ser utilizado na produção de energia.

Os lipídios podem ser armazenados como células adiposas constituindo importante reserva de energia. Algumas estruturas do corpo contêm lipídios na sua composição e para sua proteção, e não são mobilizados durante os períodos de jejum. Os lipídios são insolúveis em água, então são transportados no sangue por moléculas anfipáticas chamadas *lipoproteínas*, que são esféricas, formadas por fosfolipídios, colesterol livre e apolipoproteinas que envolvem moléculas de triacilgliceróis e éster de colesterol. As apolipoproteínas direcionam as lipoproteínas para a captação das células hepáticas (KRAUSE, 1998).

As lipoproteínas exercem funções específicas no organismo e podem ser:

VLDL: quando apresentam muito baixa densidade e têm a função de transportar, junto com os quilomícrons, os triacilgliceróis de origem alimentar e hepática;

LDL: são as lipoproteínas de baixa densidade, sendo as principais carreadoras do colesterol proveniente do fígado para os tecidos periféricos;

HDL: são lipoproteínas de alta densidade que fazem a remoção do colesterol não utilizado e presente na circulação.

As lipoproteínas sofrem ações enzimáticas no plasma. Os triacilgliceróis dos quilomícrons são hidrolisados pela ação da enzima lipoproteína lipase presente na superfície endotelial das capilares extra-hepáticos, dando origem aos remanescentes de quilomícrons que serão captados pelo fígado por meio de receptores específicos. Os triacilgliceróis do VDL são também hidrolisados pela lipoproteína lipase, formando VLDL remanescente e LDL, responsáveis por transportar 70% do colesterol plasmático total.

As LDL, quando em excesso na circulação, colaboram para a aterosclerose devido a ação de macrófagos em LDL oxidadas e sua participação na formação de placas de ateroma.

O colesterol livre sofre ação da enzima *lecitina colesterol aciltransferase* – LCAT. É captado pelos HDLs específicos, e a LCAT esterifica o colesterol por meio do ácido graxo presente nos fosfolipídios da HDL.

Quando o organismo não consome adequadamente alimentos fontes de lipídios, eles podem ser sintetizados, com exceção dos essenciais, pelos carboidratos e aminoácidos. Formam principalmente o ácido palmítico, que sofre ação das enzimas elongases e aumentam o tamanho da cadeia carbônica, formando outros ácidos graxos. No fígado, o colesterol participa da síntese das membranas celulares, da formação de hormônios esteroides e da bile.

2.2.2 Funções gerais da gordura corporal

A oxidação dos ácidos graxos livres é considerada a maior forma de armazenamento energético do organismo, devido a sua alta densidade energética e baixa solubilidade. São responsáveis por fonte de energia para muitos órgãos como fígado e músculos. São produzidos por lipólise, transportados pelo sangue, ligados à albumina e captados pelos tecidos. Seu armazenamento é mais eficiente que o glicogênio e produzem 2,5 vezes o ATP após a oxidação; além disso, não necessitam de água para o armazenamento.

Nas células, o processo de betaoxidação ocorre nas mitocôndrias e nos peroxissomos, que envolve a remoção enzimática sucessiva de fragmentos de dois átomos de carbono de cadeia do ácido graxo, a partir da extremidade carboxílica. Os fragmentos associam-se com grupo acetil à coenzima A e dão origem a uma molécula de *acetil-CoA*. As moléculas de acetil-CoA liberadas no processo entram no ciclo do ácido cítrico e são oxidadas a dióxido de carbono, liberando energia na forma de ATP.

No fígado, podem ser convertidas a corpos cetônicos – cetogênese, como outra forma de combustível energético. A betaoxidação é comum a todos ácidos graxos, há diferenciação nas enzimas envolvidas na ação e na sequência das etapas entre os ácidos graxos saturados de cadeias curta, média e longa, e também entre os saturados e os insaturados (PHILIPPI, 2008).

Os lipídios são responsáveis por duas funções fundamentais no organismo, tais como:

1. Reservatório de energia química em potencial. São a maior fonte energética do organismo, suficientes para suprir as necessidades de todos os processos metabólicos;
2. Participam direta e indiretamente das atividades metabólicas e como componentes de estruturas celulares, principalmente das membranas celulares.

Os lipídios também têm as seguintes funções:

1. *Isolante térmico*: quando protegem os tecidos termossensíveis contra as mudanças acentuadas de temperatura, que causam perdas de calor – termólise;
2. *Isolante mecânico*: protegem o organismo de traumatismos externos;
3. *Proteção dos órgãos*: fazem o ajustamento dos órgãos no esqueleto e os protegem contra golpes externos como lesões e choques traumáticos;
4. *Transportam as vitaminas*: são veículos das vitaminas lipossolúveis: A, D, E, K;
5. *Reservatórios de água*: a gordura, ao ser metabolizada, produz água, chamada de água metabólica.
6. *Poupam as proteínas*: para a síntese dos tecidos, a fim de preservá-las para não serem utilizadas como fonte energética.

2.3 TECIDO ADIPOSO – O DEPÓSITO DE GORDURA

O peso corporal é a soma dos ossos do sistema esquelético, do sistema muscular, do tecido adiposo de todos os órgãos ou vísceras e dos líquidos corporais.

Em alguns momentos da vida, todos os componentes orgânicos estão sujeitos a mudanças, por exemplo: durante as fases do crescimento, no período reprodutivo da mulher, por influência da atividade física e no envelhecimento.

A água constitui entre 60 e 65% do peso corpóreo, sendo o componente mais variável, e o estado de desidratação pode induzir flutuações de peso de vários quilos. Os tecidos muscular e esquelético se ajustam até certa extensão para suportar as alterações do tecido adiposo. O ganho ou a perda de peso estão associados a mudanças que ocorrem nesse depósito de gordura.

O tecido muscular ou não adiposo é, muitas vezes, denominado *massa corpórea magra*.

Os adipócitos são células que formam os depósitos de gordura corporal. Apresentam variações em consequência do crescimento orgânico de acordo com a idade, na reprodução e envelhecimento e em diferentes circunstâncias fisiológicas como doenças, disponibilidade de alimentos e atividade física.

O tecido adiposo é formado da gordura armazenada acumulada em região subcutânea (abaixo do tecido epitelial), nos mesentérios, atrás do peritônio e em volta dos órgãos e vísceras para protegê-los de traumas. A gordura essencial está localizada na medula óssea, coração, baço, rins, fígado, músculos e tecidos do sistema nervoso, e atuam em funções fisiológicas importantes.

Grande parte dos depósitos de gordura é originada dos triglicerídeos da dieta; estes são transportados para o fígado, fazendo parte dos quilomícrons. Parte dos triglicerídeos que são sintetizados também são transportados até o fígado e absorvidos pela corrente sanguínea, dirigindo-se aos diversos tecidos ligados a partículas de lipoproteína de densidade muito baixa.

Na periferia do tecido, são removidos do sangue pela enzima lipase lipoproteica – LPL, que fica no exterior dos capilares e facilita a remoção dos lipídios do sangue e a sua entrada através das paredes dos capilares na célula adiposa. A lipase lipoproteica hidrolisa o triglicerídeo em ácido graxo livre e em glicerol. O glicerol vai para o fígado, enquanto que os ácidos graxos entram no adipócito, onde são reesterificados em triglicerídeos (FISBERG, 1995).

Quando os triglicerídeos são necessários em outras células, são hidrolisados em ácidos graxos e glicerol pela ação da lipase hormonal sensível e entram uma vez mais na circulação.

A ação da atividade da lipase proteica é alterada pelos hormônios.

Nos adipócitos gluteofemorais, a atividade é estimulada pelos hormônios estrogênios, promovendo o armazenamento de gordura nesta área.

Na região abdominal, os hormônios estrogênios parecem estimular a lipólise, tendo como resultado a forma ginoide na mulher, que raramente ocorre em homens obesos.

Quando há um aumento de peso, a lipase lipoproteica tende a aumentar nos obesos e eutróficos não obesos quando engordam. Quando ocorre a perda de peso, a ação da lipase lipoproteica é diferente nos indivíduos obesos e não obesos. Nos não obesos, ela retorna aos valores normais anteriores, enquanto nos obesos que tenham emagrecido, ela não diminui, sendo este o fator fundamental na recuperação rápida do peso após tratamento da obesidade.

No organismo são encontrados dois tipos de tecido adiposo: o tecido adiposo branco – TAB – e o tecido adiposo marrom – TAM.

O tecido adiposo branco ou adipócito branco – TAB – levemente amarelado pela presença do caroteno, é considerado um repositório para os triglicerídeos em quantidades que variam entre 80 e 95% de seu volume; a grande gota lipídica ocupa a porção central da célula, desloca o citoplasma, o núcleo e demais organelas para a periferia.

Apresenta volumes variáveis e pode alterar seu tamanho, conforme a quantidade de triglicerídeos acumulados. Possui uma distribuição generalizada pelo organismo, envolvendo ou infiltrando-se por quase toda a região subcutânea, por órgãos e vísceras ocas da cavidade abdominal ou do mediastino e pelos agrupamentos de fibras musculares.

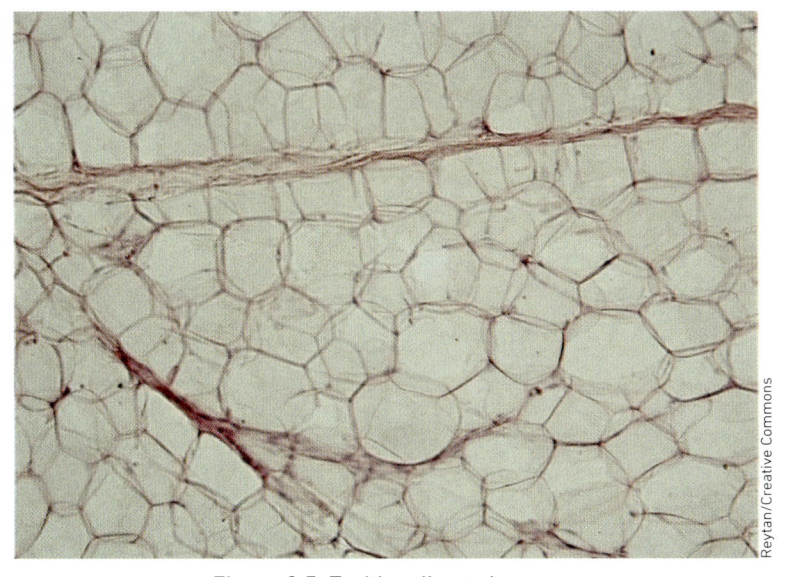

Figura 2.5: Tecido adiposo branco

Uma das funções do adipócito é fornecer proteção mecânica, diminuindo o impacto de choques e traumas permitindo uma adequada organização das fibras e feixes musculares, que se sobrepõem, sem comprometer sua integridade funcional.

Outra importante função: por estar entre a derme e tecido subcutâneo, é considerado um excelente isolante térmico por manter a temperatura constante.

O tecido adiposo branco também apresenta papel endócrino, como de secretar hormônios. Hormônios que são denominados *adipocinas* alteram os conceitos sobre a função biológica do tecido adiposo branco também, pois além de fornecer e armazenar energia, é um órgão dinâmico de regulação metabólica.

O adipócito marrom – TAM – apresenta como principal característica ser termogênico, ou seja, regula a produção de calor e, consequentemente, a temperatura corporal.

O tecido adiposo marrom é encontrado nos adultos em quantidades pequenas, nas áreas escapular e subescapular.

Apresenta estrutura menor, possui várias gotículas de triglicerídeos de diferentes tamanhos, citoplasma relativamente abundante e numerosas mitocôndrias.

Sua capacidade de produzir calor é associada ao fato de que suas mitocôndrias não possuem o complexo enzimático necessário para a síntese de

Núcleo no centro da célula.

Múltiplas gotículas de lipídio por célula. Produção de calor.

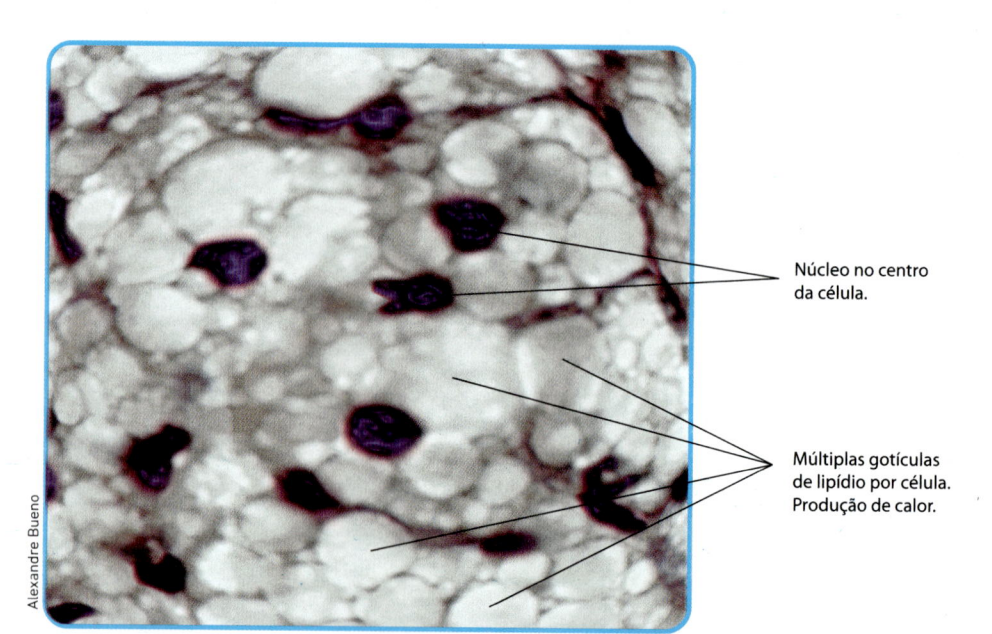

Figura 2.6: Tecido adiposo marrom

ATP e utilizam a energia liberada principalmente dos ácidos graxos para a termogênese.

Esse processo ocorre pela proteína *desacopladora-1 – UCP-1*, conhecida como *termogenina*, que se localiza na membrana mitocondrial interna. Tem atuação como um canal de próton que permite o regresso de prótons (H+) gerados no ciclo de *Krebs* para a matriz mitocondrial, desviando-os do complexo F1F0-ATP sintase, impedindo a síntese de ATP e permitindo que se dissipe em calor.

A coloração escurecida que identifica a origem do nome *adipócito marrom* decorre da alta concentração de citocromo oxidase das mitocôndrias e por apresentar vascularização intensa.

As pesquisas científicas estudam formas de incentivar o corpo a aumentar a atividade deste tecido, tornando-o um mecanismo terapêutico contra a obesidade.

Além dos adipócitos, o tecido adiposo é constituído pela matriz de tecido conjuntivo, como as fibras colágenas e reticulares, fibras nervosas, estroma vascular, nódulos linfáticos, células imunes como os leucócitos e macrófagos, fibroblastos e pré-adipócitos, que são células adiposas indiferenciadas (FONSECA, 2007).

2.4 O SOBREPESO

É considerado o estado físico no qual o peso excede a um padrão baseado na altura.

Quando o Índice de Massa Corpórea – *IMC* – é igual ou acima de 25 kg/m² e abaixo de 30 kg/m², considera-se sobrepeso, um estágio intermediário entre o peso normal e a obesidade.

3. O Índice de Massa Corporal – IMC

O cálculo do IMC é uma medida recomendada internacionalmente para avaliação do estado nutricional de adolescentes, adultos e idosos que permite estimar a massa corporal e o risco progressivo de desenvolvimento de doenças crônicas não transmissíveis associadas ao sobrepeso e à obesidade.

Quanto maior o IMC, maior é o risco de o indivíduo ser acometido por DCNT, tais como hipertensão, diabetes e dislipidemias.

Para calcular o IMC:

Dividir o peso em quilogramas pela altura ao quadrado em metros = kg/(m^2). Por exemplo:

Um adulto que pesa 70 kg e cuja altura seja 1,75 metros terá um IMC de 22,9, portanto, esse índice sinaliza se há ou não uma relação de harmonia entre o peso e a altura, embora não permita a distinção entre massa gorda e magra.

Existem pontos de corte específicos de IMC para cada uma das fases do curso da vida, visando atender às características fisiológicas de cada uma delas.

Para a avaliação de adolescentes, além da altura e do peso, no cálculo do IMC são considerados também a idade e o sexo, sendo recomendado o critério de classificação percentilar do IMC.

Após o cálculo do IMC, a classificação nutricional deve ser realizada de acordo com uma curva de distribuição em percentis (P) de IMC para cada sexo.

> *Fórmula para calcular o Índice de Massa Corporal*

Índice de Massa Corporal pela fórmula: IMC = peso/(altura)²

Altura: [1] m [ ] cm. peso: [ ] Kg

O Índice de Massa Corporal é: [IMC]

Segundo a OMS, o índice normal é entre 18,5 e 24,9

Para a altura, o peso ideal é entre: [kg mín / kg máx]

Tabela para avaliar o IMC

Resultado	Situação
Abaixo de 17	Muito abaixo do *peso*
Entre 17 e 18,49	Abaixo do *peso*
Entre 18,5 e 24,99	*Peso* normal ou eutrófico
Entre 25 e 29,99	Acima do *peso*
Entre 30 e 34,99	*Obesidade* I
Entre 35 e 39,99	*Obesidade* II (severa)
Acima de 40	*Obesidade* III (mórbida)

Observar que, uma vez que o índice de massa corporal não mostra a diferença entre gordura e músculos, nem sempre é preciso determinar quando o peso pode resultar em problemas de saúde.

O índice de massa corporal também pode não ser preciso ao refletir a obesidade em indivíduos que são muito baixos ou muito jovens, como em crianças e adolescentes que apresentem menos de 1,50 m de altura e em pessoas mais velhas, as quais tendem a perder massa muscular com a idade.

Para a maioria das pessoas, o índice de massa corporal é um método confiável para avaliar se o peso está ou não colocando a saúde em risco.

A massa corporal magra média aumentou entre a população jovem e adulta nas últimas décadas, bem como o peso.

Os fatores genéticos representam um importante índice na determinação da suscetibilidade do indivíduo para o ganho de peso, mas são os fatores ambientais e de estilo de vida, como hábitos alimentares inadequados e o sedentarismo, que geralmente resultam em um balanço energético positivo, favorecendo o surgimento do sobrepeso que, se não tratado, resulta em obesidade.

O excesso de peso corporal pode ser identificado de diferentes métodos ou técnicas; além do cálculo do IMC, usam-se medidas das pregas cutâneas, relação cintura-quadril, ultrassom, ressonância magnética, bioimpedância, entre outros.

O sobrepeso não representa efeito imediato no desenvolvimento de doenças crônicas, mas exige cuidados quando associado a outros fatores de risco, como: tabagismo, hipertensão, dislipidemia, *diabetes mellitus*.

O excesso de peso geralmente é resultante da combinação do baixo consumo de frutas, legumes e verduras, alimentos integrais que são fontes de fibras e fornecem saciedade com o alto consumo de alimentos refinados, ricos em gorduras saturadas, açúcares e álcool, associado a pouca ou nenhuma atividade física.

Quando o excesso de peso está associado com predisposição genética, pode ocorrer o desenvolvimento de dislipidemias 2 e doença coronariana (FRANCISCHI, 1999).

Embora indivíduos com excesso de peso possam apresentar níveis de colesterol mais elevados do que os eutróficos, a principal dislipidemia associada ao sobrepeso e a obesidade é caracterizada por elevações leves a moderadas dos triglicerídeos e diminuição do HDL colesterol (DUARTE, 2001).

Da mesma forma que o excesso de massa corporal traz risco ao organismo, o padrão de distribuição da gordura tem implicações diferenciadas à saúde. Indivíduos com circunferência abdominal aumentada apresentam aumento de tecido adiposo visceral, que confere risco para distúrbios metabólicos, em especial a hipertensão arterial, independentemente do IMC (OMS, 2007).

O excesso de peso é também um fator de risco para outros problemas na saúde, pode causar o desenvolvimento de litíase biliar, de osteoartrite e tem associação com alguns tipos de câncer, como de cólon, de reto, de próstata e de mama.

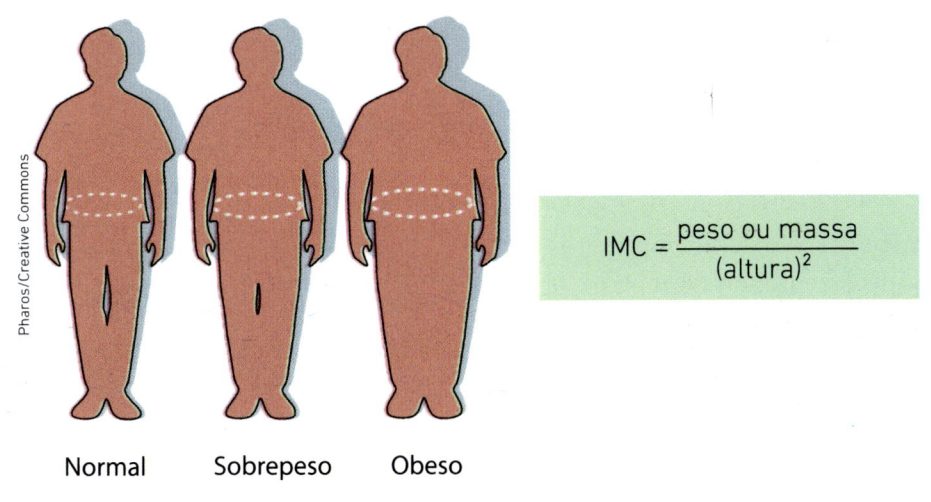

$$IMC = \frac{\text{peso ou massa}}{(\text{altura})^2}$$

Normal Sobrepeso Obeso

Figura 3.1: Níveis de peso corporal

A educação nutricional e a prática da alimentação saudável para todos os indivíduos com sobrepeso têm por objetivos melhorar o bem-estar, possibilitar a prevenção da obesidade, a proteção da saúde, prevenindo e controlando as comorbidades e permitindo o alcance do peso adequado.

Para crianças e adolescentes, a classificação de sobrepeso e obesidade a partir do índice de massa corpórea é mais arbitrária, não se correlacionando com morbidade e mortalidade, da mesma forma que se define obesidade em adultos.

Em crianças, pelas variações do crescimento corporal, a análise dos dados muda de acordo com a faixa etária e o sexo. Os resultados das análises do índice de massa corpórea estão significantemente associados à adiposidade.

O limite de normalidade é estabelecido por curvas de percentil do índice de massa corpórea, por classificação que também inclui curvas de peso para idade e de estatura para idade da população, que define a condição de sobrepeso para um índice situado na curva de percentil de índice de massa corpórea entre os valores 85% a 97% para faixa etária, e a classificação de obesidade corresponde ao valor acima de 95% (IBGE/POF, 2009).

A medida da circunferência abdominal é o melhor parâmetro para diagnosticar obesidade central e para relacionar-se com risco metabólico nessas faixas etárias. As crianças obesas apresentam correlação positiva para gordura abdominal e alterações metabólicas do tipo hipercolesterolemia, hipertrigliceridemia, hiperglicemia e hiperinsulinemia.

Em crianças e adolescentes, não há definição de valores específicos. São poucas referências que sugerem um ponto de corte.

Sugere-se que crianças com percentual de gordura maior do que 33% e circunferência abdominal superior a 71 cm sejam mais predispostas a riscos cardiovasculares.

E com menos de 20% de gordura e menos de 61 cm de circunferência abdominal, o risco é mínimo.

O peso corporal é o principal e mais simples indicador de diminuição da adiposidade.

Os gastos com saúde pelos órgãos de saúde pública e das famílias são crescentes, em decorrência do aumento da incidência de enfermidades crônicas decorrentes do sobrepeso e obesidade, como diabetes, hipertensão arterial e doenças cardiovasculares.

4. A obesidade

É um estado de adiposidade no qual o peso corpóreo está acima do ideal ou classificado pela OMS como o alto grau de armazenamento de gordura no organismo que está associado a riscos para a saúde, por sua relação com várias complicações metabólicas (OMS, 1995).

A base da doença é o processo indesejável do balanço energético positivo, que resulta em ganho de peso, considerando que obesidade é definida em termos de excesso de peso.

Figura 4.1: Representação da obesidade

O índice de massa corporal – IMC – é recomendado para a medida da obesidade em nível populacional e na prática clínica. Esse índice é estimado pela relação entre o peso e a estatura, e expresso em kg/m² (ANJOS, 2006).

O excesso de gordura e a sua distribuição no corpo interferem nos riscos associados ao excesso de peso. Quando o excesso de gordura corporal situa-se predominantemente na região abdominal, representa maior risco do que o excesso de gordura corporal por si só: esta concentração de gordura é definida como obesidade *androide*.

Quando a distribuição do excesso da gordura corporal é mais igual e periférica é definida como distribuição ginecoide, com menores implicações à saúde do indivíduo (OMS, 1998).

Nos cenários mundial e brasileiro, as doenças crônicas não transmissíveis têm se revelado como um grande desafio para a saúde pública. A complexidade de traçar o perfil nutricional que represente o Brasil revela o grau de importância de estratégias relacionadas com a saúde que incorporem definitivamente ações de educação nutricional que estabeleçam a promoção da saúde, prevenção e tratamento de doenças crônicas não transmissíveis.

A obesidade é um estado de adiposidade no qual o peso corpóreo está acima do ideal e associada a muitos fatores, entre eles os hábitos da vida moderna, que contribuem para diminuir o gasto energético por meio do uso dos meios de transportes que se opõem a caminhadas diárias para a escola ou trabalho. A própria preocupação com a segurança das crianças e jovens mudou com as brincadeiras de rua para o conforto dos lares, onde a televisão, os jogos eletrônicos e o computador são os principais atrativos e contribuem para o sedentarismo frequente. Essas mudanças de hábito tornaram-se um dos principais fatores para o acúmulo de peso corpóreo em todas as idades, principalmente para a população das cidades.

Em média, jovens e adultos passam muitas horas inativos e consumindo algum tipo de alimento, geralmente industrializados de prático consumo, com muita gordura, sal e açúcares.

A prevalência do crescimento do sobrepeso e da obesidade representa um dos principais desafios de saúde pública neste século e cresceu de forma significativa nas últimas três décadas.

A obesidade ganha destaque no grupo de doenças não transmissíveis com complicações para a saúde, gerando outras doenças e fatores de risco que incluem *diabetes mellitus*, hipercolesterolemia, hipertensão arterial, doenças cardiovasculares, problemas psicológicos e de relacionamento, exclusão social, doenças ortopédicas e diversos tipos de câncer.

A incidência vertiginosa da obesidade em diferentes grupos da população e regiões, incluindo países industrializados que estão com a economia em transição, apresenta os fatores imediatos que estão determinando esta epidemia.

Considerando-se que o patrimônio genético da espécie humana não sofreu mudanças importantes nas últimas décadas, identifica-se que os principais fatores são os sociais, ambientais e alimentares que contribuíram para esta epidemia.

Mesmo assim, considera-se que diversos fatores predisponentes genéticos desempenham um papel expressivo no desequilíbrio energético que determina o excesso de peso.

Estima-se que os fatores genéticos possam responder por 24 a 40% da variância no IMC, por determinarem diferenças em fatores como alterações nas taxas de metabolismo basal, resposta à superalimentação e outros. (COUTINHO/ABESO, 2010).

A obesidade é um dos fatores de maior risco que contribuem para o óbito precoce em adultos. A prevenção desde a infância, passando pela adolescência até a vida adulta, acompanhada de um diagnóstico precoce, é uma forma de incentivar a promoção da saúde e redução de morbimortalidade.

Além de ser um fator de risco importante para outras doenças, interfere na longevidade e qualidade de vida, e ainda apresenta implicações na aceitação social por ser motivo de discriminações em locais onde a valorização da estética se sobrepõe na sociedade contemporânea.

Considera-se que as mudanças de comportamento social, alimentar e os hábitos de vida sedentários atuam sobre genes de suscetibilidade e contribuem como fator determinante para o crescimento da obesidade no mundo.

A obesidade pode ser resultante de fatores poligênicos complexos e um ambiente *obesogênico*.

O chamado *mapa gênico* da obesidade humana está em processo constante de evolução biológica, à medida que se identificam novos genes e regiões cromossômicas associados com fatores que conduzem a obesidade.

Ambiente obesogênico

É definido como a influência que oportunidades e condições ambientais têm na promoção da obesidade nos indivíduos e/ou população (SOUZA, 2008). Está identificado por fatores que contribuem para dificultar a manutenção de um peso corporal saudável e adequado ao biotipo.

Pode ser reconhecido pela falta de hábito para a prática de atividade física ou por condições favoráveis ao consumo de alimentos energeticamente densos, falta de programas de educação nutricional que incentivam o consumo de frutas, grãos, legumes e verduras, carnes magras, laticínios desengordurados, alimentos integrais ricos em fibras e água, ou seja, alimentos saudáveis.

Ao fazer suas escolhas alimentares, jovens e adultos recebem interferência em vários níveis, de diferentes formas, como: da mídia, falta de tempo, praticidade, dos ambientes social e econômico. Esses fatores favorecem a ocorrência alarmante da obesidade.

Figura 4.2: Hábito alimentar inadequado

4.1 CARACTERÍSTICAS GERAIS DA DOENÇA OBESIDADE

Manter o peso corporal constante é um desafio em todas as idades. O sistema corporal é complexo e envolve os mecanismos neurais, hormonais e químicos que devem manter o equilíbrio entre a ingestão e o gasto de energia nos seus limites mais precisos. A anormalidade desse mecanismo resulta em alterações de peso muitas vezes exageradas, sendo as mais comuns o sobrepeso e a obesidade.

A massa corpórea magra média e o peso aumentaram entre os adultos e crianças nas últimas décadas. A obesidade está associada a muitos estados de doença e diretamente relacionada em grau aos níveis de mortalidade.

A sociedade em geral está exposta ao conceito de que a gordura e o excesso de peso são mais um problema de autocontrole e observado com clara discriminação em vários setores, como nas escolas, no trabalho e nos meios sociais. Os obesos de todas as idades são vítimas de um ciclo vicioso de baixa autoestima, depressão, rejeição social, superalimentação e, consequentemente, aumento da gordura corporal.

A gordura corporal é a reserva primária de energia para o organismo, é armazenada como triglicerídeos no tecido adiposo distribuído em todas as regiões.

Para as mulheres adultas, as quantidades apropriadas de gordura essencial variam de 20 a 25% do peso corporal, com cerca de 12% de gordura essencial. A gordura essencial nas mulheres é identificada em quantidades que variam de 5 a 9% de gordura corpórea específica situada nas mamas, coxas e região pélvica.

Nos homens, a quantidade de gordura corporal adequada situa-se em 12 a 15% do peso corpóreo, e de 4 a 7% de gordura essencial.

Em ambos, a gordura essencial está armazenada na medula óssea, coração, fígado, baço, músculos, intestinos, rins e em tecidos do sistema nervoso, e é necessária para o funcionamento normal do organismo.

A gordura que é armazenada se acumula no tecido adiposo sob a pele e ao redor dos órgãos internos para protegê-los de traumas. A gordura essencial é responsável pela boa saúde.

Nas crianças e adolescentes, medir a quantidade da gordura corporal é um grande desafio, porque elas apresentam constante crescimento orgânico e maturação biológica do nascimento até a idade adulta, com variações das diversas substâncias corporais, como: quantidade de água, proteínas, sais minerais, vitaminas e a própria gordura. Interferem os fatores como sexo, etnia, ambiente e nutrição.

O método mais recomendado para avaliação corporal de crianças e adolescente é a antropometria, que apresenta baixo custo e não é invasivo. Os índices antropométricos são obtidos da combinação de duas ou mais informações antropométricas básicas: o peso, a altura e os perímetros de quadril e cintura. As medidas de espessuras de pregas cutâneas são utilizadas como indicadores isolados ou no seu somatório para complementar o diagnóstico.

O uso do Índice de Massa Corporal, IMC = peso kg/(estatura/m)^2, para identificar adultos com sobrepeso e obesidade é o mais utilizado.

Para crianças e adolescentes, o cálculo do IMC passou a ser difundido após esses valores serem considerados referência pela Organização Mundial de Saúde (OMS) para identificar sobrepeso e obesidade em crianças. As novas curvas de referência da OMS (2007) apresentam tabelas de referência a partir do nascimento (Anexos 2 a 6).

No Brasil, o padrão de referência desenvolvido por Monteiro, em 2007, apresenta valores de ponto de corte para sobrepeso e obesidade para crianças a partir de dois anos de idade.

O IMC é amplamente utilizado em estudos populacionais, com boa aceitação pela comunidade científica. Um fator limitante para a sua utilização na população infantil é a dificuldade de comparação dos resultados entre os estudos, por causa do agrupamento de dados em diferentes faixas etárias e da utilização de diferentes pontos de corte para detectar sobrepeso e obesidade pelo uso de diferentes curvas de IMC.

O cálculo do IMC segundo o Dr. Dráuzio Varella

A equação usada atualmente foi obtida em 1835 pelo estatístico belga Lambert Adolphe Jacques Quételet e adotada como ideal pela OMS (Organização Mundial da Saúde) em 1997.

O cálculo divide o peso pela altura ao quadrado, obtendo uma numeração que indica em qual grupo a pessoa se encaixa: abaixo do peso ideal, peso normal, sobrepeso, obesidade.

Entretanto, a fórmula não leva em conta quantos desses quilos estão relacionados à gordura e quantos se referem à massa muscular.

Veja as diferenças entre o cálculo do IMC clássico e a equação proposta pela USP:

IMC = peso (kg) : altura (m)^2
IMC da USP = (3 x peso (kg) + 4 x percentual de gordura) ÷ altura (cm)

Dentro da nova proposta, o valor que separa sobrepeso de obesidade grau 1 deixa de ser igual ou superior a 30 kg/m^2, como proposto na equação de Quételet, e passa a ser 28 kg/m^2 para homens e 25 kg/m^2 para mulheres.

Para chegar à nova fórmula, avaliaram-se as medidas (peso, altura e gordura corporal) de 501 pessoas de ambos os gêneros, com idades entre 17 e 38 anos. Foram coletadas informações sobre padrão alimentar e prática de atividades físicas.

Fonte: http://drauziovarella.com.br/obesidade/usp-estuda-nova-formula-para-calcular-imc-capaz-de-identificar-falsos-magros. Acesso em 25/11/2013, Departamento de Nutrição da USP (Universidade de São Paulo) de Ribeirão Preto, 2012.

De acordo com as orientações do Ministério de Saúde, o ponto de corte para o sobrepeso é o IMC > 25 e < 30, e, para obesidade, o IMC > 30, com base na recomendação da OMS. (BRASIL, 2004).

A obesidade é definida como um IMC igual ou superior a 30 kg/m², mas pode também ser subdividida em termos de severidade da obesidade, segundo o risco de outras morbidades associadas assim:

IMC entre 30 - 34,9 = obesidade I;
IMC entre 35 - 39,9 = obesidade II;
IMC entre 40 - 44,9 = obesidade III (OMS, 1998).

Embora o IMC seja uma medida simples e de fácil utilização para os serviços de saúde, a distribuição regional de gordura está mais relacionada com a variação do risco de adoecer e morrer do que simplesmente com o total de gordura corporal.

A obesidade central está correlacionada a risco aumentado de várias doenças, inclusive o de doenças cardiovasculares e diabetes não insulinodependente.

Existem alguns métodos utilizados para a avaliação da gordura abdominal (localização central), como a relação *cintura/quadril – RCQ*, que consiste num indicador complementar para o diagnóstico nutricional, uma vez que tem boa correlação com a gordura abdominal e associação com o risco de morbimortalidade (BRASIL, 2004).

Relação entre medida da cintura e risco para a saúde (BALLONE, 2002)

Homens	Mulheres
Até 90 cm = normal	Até 80 cm = normal
90 a 94 cm = risco médio	80 a 84 cm = risco médio
94 a 102 = risco alto	84 a 88 = risco alto
Acima de 102 cm = risco muito alto	Acima de 88 cm = risco muito alto

4.2 A REGULAÇÃO DO PESO CORPORAL

O corpo possui vários sistemas regulatórios para a manutenção do peso corporal. Esses sistemas regulatórios envolvem os neurotransmissores no cérebro que controlam as atividades alimentares em resposta a sinais que se originam nos tecidos corporais. As *catecolaminas norepinefrina* e *dopamina* são liberadas pelo sistema nervoso simpático em resposta à ingestão de alimentos.

Os neurotransmissores mediam a atividade na área do hipotálamo, que controla o comportamento alimentar. A ausência de alimentos causa a diminuição da atividade do sistema nervoso simpático – SNS –, e aumenta atividade adrenal medular e, consequentemente, ocorre o aumento da epinefrina que promove a mobilização de substratos de reserva.

> ### Epinefrina
>
> Também denominada *adrenalina*, atua na regulação do metabolismo. Epinefrina e norepinefrina são chamadas de *catecolaminas* pela semelhança química estrutural com o *catecol*.
>
> Essas substâncias são sintetizadas, a partir do aminoácido *tirosina*, na medula das glândulas suprarrenais – GSR, ou glândulas adrenais, e também atuam como neurotransmissores. A epinefrina constitui cerca de 80% das catecolaminas.
>
> A *secreção de epinefrina* é estimulada pelo sistema nervoso autônomo – SNA – sobre as glândulas suprarrenais em situações de carência alimentar, exercício físico, hipoglicemia e exposição a baixas temperaturas (GOMES, 2000).

A regulação do peso corporal ocorre de duas formas:

I. A regulação de curto prazo

Controla o consumo de alimentos a cada refeição. Os controles de curto prazo estão relacionados a fatores associados às sensações da *fome*, do *apetite* e *saciedade*. A sensação de fome está relacionada ao estado pós-absortivo dos estoques nutricionais que estão sendo mobilizados. A sensação de saciedade é relacionada ao estado pós-prandial ao armazenar o excesso de alimento ingerido.

II. A regulação em longo prazo

Controla a disponibilidade das reservas do tecido adiposo. Este mecanismo dificulta o emagrecimento e, quando ocorre controle alimentar nas refeições, o organismo identifica como uma situação de ameaça à sobrevivência.

O hormônio que regula a fome é identificado como **leptina**, que controla o metabolismo energético. Este é relacionado ao percentual de gordura corporal. O metabolismo o torna lento quando o organismo recebe pouca energia dos alimentos.

A leptina é o hormônio responsável pelo controle da ingestão alimentar, atuando em células neuronais do hipotálamo no sistema nervoso central. Suas principais ações são: promover a redução da ingestão de alimentos, aumentar o gasto energético e regular a função neuroendócrina e o metabolismo das gorduras e da glicose.

O *hormônio leptina* é sintetizado em órgãos como as glândulas mamárias, os sistemas muscular e esquelético, o tecido epitelial gástrico e o trofoblasto placentário.

Grande parte dos obesos apresenta altos níveis de leptina, mas é resistente à sua ação, problema ainda não esclarecido nas áreas de estudo sobre obesidade, sendo que, ao ser identificada a redução dos depósitos de gordura corporal pelo cérebro, o apetite aumenta e ocorre a diminuição do metabolismo basal.

Em situação oposta, se os depósitos de gordura aumentam, ocorre maior produção de leptina; e, a partir de determinados níveis de leptina na circulação, o cérebro desenvolve resistência à sua ação.

O hormônio leptina

Palavra de origem grega, *leptos* = magro.

É uma proteína composta por 167 aminoácidos, possui uma estrutura semelhante às *citocinas*, do tipo *interleucina 2 (IL-2)*, sendo produzida principalmente no tecido adiposo; sua principal função é ser responsável pelo controle de ingestão alimentar.

Sua função em células neuronais do hipotálamo no sistema nervoso central é promover a redução da ingestão alimentar e aumentar o metabolismo energético, regulando a função neuroendócrina.

Em situações de estados infecciosos, as endotoxinas também podem elevar a concentração plasmática de leptina e testosterona, a exposição ao frio, enquanto as catecolaminas reduzem a síntese de leptina.

Jejum, estresse e atividade física intensa inibem a liberação de leptina pelos adipócitos. Sua produção ocorre essencialmente no tecido adiposo branco.

Altos níveis de leptina são liberados durante a noite e às primeiras horas da manhã; sua permanência no plasma é de aproximadamente 30 minutos. A redução do apetite é ocasionada pela inibição da formação de neuropeptídios que se relacionam com a sensação da fome, como o *neuropeptídio Y* e os *neuropeptídios anorexígenos*: hormônio estimulante *dea-melanócito – a-MSH*; e hormônio liberador de *corticotropina – CRH*.

Os altos níveis de leptina reduzem a ingestão alimentar, enquanto baixos níveis induzem a hiperfagia.

Os níveis plasmáticos de leptina em pessoas obesas é aproximadamente cinco vezes maior do que nas pessoas magras, sendo que as mulheres apresentam maiores concentrações plasmáticas se comparadas aos homens.

A produção de leptina em pessoas eutróficas segue um ritmo circadiano e aumenta durante o ciclo menstrual em mulheres.

A resistência à leptina ocorre em pessoas obesas e é atribuída a alterações que ocorrem no receptor de leptina ou no seu sistema de transporte na barreira hematocefálica, identificada como *hiperleptinemia*, sendo semelhante ao que ocorre no *diabetes mellitus* (HALPERN, 2007).

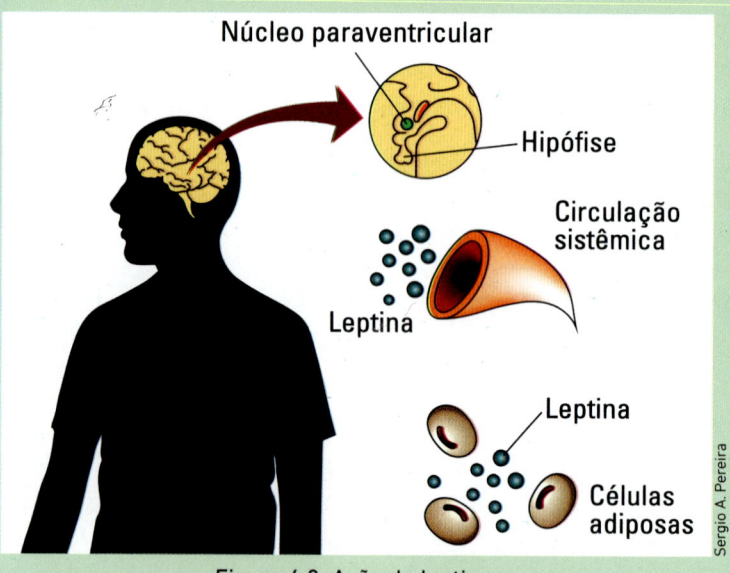

Figura 4.3: Ação da leptina

A *insulina*, hormônio produzido no pâncreas, tem sua ação em uma área do cérebro rica em receptores com propriedades de identificá-lo como agente no controle de peso. A sensibilidade do cérebro com relação aos efeitos da insulina ocasiona diminuição do apetite. Quando os receptores se tornam resistentes à ação da insulina ocorre o aumento de peso, levando à obesidade.

Associados, a leptina e a insulina ainda têm a ação de outros hormônios que controlam o apetite diariamente. Esses hormônios são identificados como a *colecistoquinina* e a *grelina*.

A colecistoquinina

- É uma proteína sintetizada no intestino e liberada na corrente sanguínea com a função de estimular o centro de saciedade existente no cérebro e inibir a ingestão exagerada de calorias.

A grelina

- Em contrapartida, a grelina é um secretagogo liberador do GH (hormônio do crescimento) encontrado no fundo gástrico e no núcleo arqueado hipotalâmico. É um potencial estimulador do apetite, responsável pela sensação da fome.

Os níveis de grelina aumentam na circulação antes dos horários habituais das refeições. Quando o indivíduo está de estômago vazio, ao alimentar-se, o intestino provoca a liberação do *hormônio PYY*, que causa a diminuição do apetite.

Hormônio PYY

É um hormônio peptídico secretado pelas células endócrinas L que revestem a porção distal do intestino delgado e o colón, secretado no período pós-prandial em quantidades proporcionais às calorias da dieta.
A leptina atua nas *células orexigênicas* diminuindo a motilidade intestinal inibindo a liberação do *neuropeptídio Y*, que reduz consideravelmente o apetite e causa sensação de saciedade.
Esse hormônio apresenta-se como um agente comunicador com os núcleos paraventricular e arqueado hipotalâmicos os quais contêm neurônios que estimulam e inibem a ingestão de alimentos.
Os níveis de PYY endógenos de jejum e pós-prandiais em obesos apresentam-se baixos quando comparados com indivíduos não obesos (FONSECA, 2011).

Os hormônios que controlam o apetite e o metabolismo em curto ou longo prazos atuam na região hipotalâmica conhecida como *núcleo arqueado* – o centro do controle mestre dos sistemas regulatórios.

No núcleo arqueado, convergem dois tipos de neurônio com ações opostas: a do estímulo e o da inibição da fome.

A fome é resultante do equilíbrio desse antagonismo com a finalidade de manter e preservar a espécie em épocas de jejum prolongado, sendo que em tempos de fartura temos como consequência a obesidade.

4.3 AS DOENÇAS CAUSADAS PELO EXCESSO DE PESO CORPÓREO

A obesidade é caracterizada como uma doença multifatorial, resultante de uma complexa interação de vários fatores como a genética, fatores endócrinos e metabólicos, fatores externos comportamentais, sociais e de origem dietética, assim como fisiológicos e até psicológicos.

Como consequência, o aumento excessivo do índice de massa corporal e de adiposidade, principalmente na região abdominal, amplia os riscos do desenvolvimento de várias doenças. O tecido adiposo é considerado um órgão endócrino, e os adipócitos sintetizam várias substâncias que atuam no metabolismo. Essas substâncias são identificadas como *glicocorticoides*, *hormônios sexuais*, *adiponectina*, *interleucina-6* e *leptina*, que controlam, além do metabolismo, diversos sistemas orgânicos.

A obesidade causa incapacidade funcional e aumento da mortalidade. Pode causar doença arterial coronariana, hipertensão arterial sistêmica, diabetes tipo 2, dislipidemias, osteoartrose, cálculos biliares e renais, doenças hepáticas, apneia do sono e vários tipos de câncer.

Ao perder peso, ocorre uma melhora das doenças e redução dos fatores de risco e da mortalidade.

4.3.1 Doenças cardiovasculares

Algumas destas doenças são relacionadas com a síndrome metabólica, apresentando fatores de risco cardiometabólico resultantes da obesidade abdominal, associados com a elevação da pressão arterial, glicemia de jejum e triglicerídeos, e, ainda, redução do nível de colesterol HDL.

Os pacientes obesos apresentam como consequência infarto do miocárdio, angina, insuficiência cardíaca congestiva, acidente vascular cerebral e fibrilação atrial.

A obesidade aumenta o risco de fibrilação atrial. Estudos indicam um aumento de 4% em homens e mulheres obesas com predisposição ao risco de fibrilação atrial para cada unidade de aumento do IMC (OMS, 2006).

Adolescentes obesos apresentam maior risco de doença coronariana quando adultos.

4.3.2 Hipertensão arterial

O aumento do peso corporal é um fator determinante para causar hipertensão arterial sanguínea, sendo um dos fatores de risco para doença cardiovascular.

O risco de aumento da pressão elevada é de 2 a 6 vezes maior em indivíduos em sobrepeso e na obesidade do que em indivíduos com o peso adequado.

O aumento da ingestão de alimentos calóricos está associado com elevação da insulina plasmática, que é um potente natriurético, causando aumento na reabsorção renal de sódio e, consequentemente, a elevação da pressão sanguínea.

Os índices de elevação da gordura corporal em crianças e adolescentes acima de 25%, em meninos, e 30%, em meninas, aumentam consideravelmente o risco de pressão sanguínea elevada (KRAUSE, 1998).

O controle de peso é uma forma de prevenir e educar para padrões de vida saudável, criando estratégias de controle com adoção de dietas alimentares equilibradas associadas a atividades físicas para todas as fases da vida.

4.3.3 Doenças respiratórias

O sobrepeso é um fator de risco para o desenvolvimento da síndrome da apneia obstrutiva do sono.

Durante o sono, as interrupções no fluxo respiratório, maiores que 8 segundos em crianças e maiores que 10 segundos em adultos, são consideradas anormais e caracterizam a condição de apneia. A doença é caracterizada quando ocorrem próximo de cinco episódios por hora de sono, sendo associada com a sonolência diurna.

Os homens representam o grupo mais vulnerável a esta doença, e a idade é um risco adicional.

Obesidade é o maior fator de risco para o desenvolvimento de apneia do sono.

Presente em 40% dos obesos, em 55% dos adolescentes submetidos a cirurgia bariátrica e em 71 a 98% dos obesos mórbidos, os níveis de apneia do sono são considerados:

- Leve: de 15 a 30 interrupções respiratórias;
- Moderada: de 31 interrupções respiratórias;
- Grave: acima de 31 interrupções respiratórias.

4.3.4 Doenças da vesícula biliar

Os distúrbios da vesícula biliar, ou colecistopatias, são causas comuns de internação atribuídos à obesidade. Homens com IMC $\geq 28,5$ kg/m² apresentaram um risco 2,49 vezes maior de desenvolver cálculos biliares comparados com homens com IMC normal ($< 22,2$ kg/m²).

O sobrepeso e a obesidade estão associados a um aumento significativo no risco de litíase biliar sintomática, sendo que o tratamento recomendado é uma dieta com baixo teor de gordura.

4.3.5 Osteoartrose

Doenças como osteoartrite e osteoartrose apresentam maior incidência em pessoas com sobrepeso e obesas.

O peso corporal em excesso expressa um peso adicionado nas articulações que suportam o peso.

A redução do peso reflete em melhora nas articulações.

Os joelhos e o quadril são as partes mais afetadas. Esses sintomas indicam que a obesidade é responsável por várias outras doenças secundárias, sejam metabólicas ou não.

4.3.6 Neoplasias

Estudos demonstram que há uma grande associação entre obesidade e câncer.

Pessoas com IMC entre 40kg/m² apresentam associação com vários tipos de cânceres e maior taxa de morte por câncer de esôfago, cólon e reto, fígado, vesícula, pâncreas, rim, linfoma não Hodgkin e mieloma múltiplo.

O ganho de peso reflete na incidência de câncer de próstata e de mortalidade entre homens, assim como o câncer de cólon em mulheres com sobrepeso ou obesas.

4.4 OUTRAS DOENÇAS RELACIONADAS COM A OBESIDADE

Podem ser citadas: doença do refluxo gastresofágico, asma brônquica, insuficiência renal crônica, disfunção erétil, síndrome dos ovários policísticos, infertilidade masculina e feminina, veias varicosas e doença hemorroidária, hipertensão intracraniana idiopática, disfunção cognitiva e demência.

Há evidências de que a obesidade na idade adulta está fortemente relacionada com a redução da probabilidade de sobrevivência saudável entre as mulheres e homens, e destaca-se a importância da manutenção de um peso saudável desde a infância e juventude.

PARTE 2

OBESIDADE
INFANTIL E NA ADOLESCÊNCIA

5. Evolução histórica dos conceitos da obesidade

O histórico da chamada transição nutricional está relacionado com as mudanças tecnológicas que aconteceram ao longo das décadas, o desenvolvimento e modernização da indústria de alimentos, os novos padrões familiares, sociais e de consumo, a mudanças nos hábitos e rotinas alimentares, assim como às modificações de ordem demográfica e social.

Os fatores sociais, econômicos e culturais estão fortemente relacionados com o papel da mulher na sociedade e sua inserção no mercado de trabalho décadas atrás, o que mudou o cotidiano familiar. Podem-se citar alguns fatores desencadeadores dessa transição nutricional: a concentração das populações no meio urbano e a diminuição ou ausência de atividade física, a busca pela praticidade de alimentos de rápido preparo ou consumo imediato e, consequentemente, a ingestão elevada de alimentos com alto índice calórico e a redução do gasto energético associado a um estilo de vida sedentário.

A concentração das classes mais pobres nas cidades parece expandir o flagelo da obesidade quando se observa seu crescimento no contexto da pobreza pela prática da alimentação barata, pobre em nutrientes e fibras, mas excessivamente calórica com grande oferta e mais acessível que frutas, hortaliças e legumes, laticínios e carnes, o que favorece o aumento excessivo de peso em crianças, jovens e adultos, fato que desafia os órgãos de saúde pública e social. É evidente a falta de prevenção por meio de orientações sobre educação alimentar nos meios de comunicação, nas escolas e comunidades de bairro.

As rotinas diárias modernas e a crescente industrialização e versatilidade dos alimentos práticos, de fácil acesso, atraentes e saborosos parecem condicionar o crescimento da obesidade. Esses são alguns dos fatores identificados nas últimas décadas que contribuem para as mudanças de padrões antes estabelecidos como mais saudáveis.

Atualmente, ao mesmo tempo que diminuem as ocorrências da desnutrição em crianças, jovens e adultos em ritmo bem acelerado, aumenta a prevalência de sobrepeso e obesidade (BATISTA, 2003).

A obesidade está evoluindo em vários países do mundo e, em breve, será identificada como uma pandemia, que atinge tanto países desenvolvidos como em desenvolvimento, entre eles o Brasil. Atualmente, 12,7% das mulheres e 8,8% dos homens adultos brasileiros são obesos, sendo essa prevalência mais alta nas regiões Sul e Sudeste do país (IBGE, 2004).

As prevalências de obesidade em adultos são maiores à medida que aumenta a idade.

Entre crianças e adolescentes brasileiros que recebem interferência da mudança dos padrões de lazer e da alimentação prática e excessivamente calórica, identifica-se aumento do excesso de peso em ritmo acelerado:

- Em 1974: observava-se uma prevalência de excesso de peso de 4,9% em crianças entre 6 e 9 anos de idade, e de 3,7% entre os adolescentes de 10 a 18 anos;
- Entre 1996 e 1997, observou-se 14% de excesso de peso na faixa etária de 6 a 18 anos em nosso país.

Os dados apresentados demonstram a relevância da obesidade como problema de saúde pública em nosso país (IBGE, 2004).

A obesidade pode ser compreendida como um agravo de caráter multifatorial envolvendo desde questões biológicas, históricas, ecológicas até a política agrícola e os processos acelerados da urbanização, assim como as condições econômicas, sociais, culturais e políticas.

O fator identificado pelo acúmulo excessivo de gordura, que tem como consequência a obesidade, é o balanço calórico resultante do fator energético positivo.

O balanço energético

Pode ser definido como a diferença entre a quantidade de energia consumida e a quantidade de energia gasta na realização das funções vitais e de atividades em geral.

O balanço energético positivo acontece quando a quantidade de energia consumida é maior do que a quantidade gasta, sem um equilíbrio.

O padrão de consumo alimentar atual está baseado na excessiva ingestão de alimentos de alta densidade energética, ricos em açúcares simples, gordura saturada, gordura trans, sódio, conservantes, e pobres em fibras e micronutrientes.

Existem evidências sugerindo a influência genética no desenvolvimento da obesidade, porém esses mecanismos ainda estão em estudo.

Os fatores genéticos podem ser relacionados com a eficiência no aproveitamento, o armazenamento e mobilização dos nutrientes ingeridos, o gasto energético, a taxa metabólica basal, o controle do apetite e o comportamento alimentar. As desordens mais comuns relacionadas com a obesidade são hipotireoidismo e problemas no hipotálamo, mas essas causas representam menos de 1% dos casos de excesso de peso (FRANCISCHI, 2000).

Outros fatores que conduzem ao ganho de peso estão relacionados ao ciclo reprodutivo nas mulheres, como a idade da menarca, o ganho de peso gestacional, o número de gestações, a duração da amamentação e o período da menopausa.

Fatores como ambiente, alimentação e estilo de vida são preponderantes no aumento da obesidade no Brasil, mas são passíveis de mudanças quando associados a rotinas de educação nutricional nos ambientes familiares, educacionais e no trabalho (OMS, 1995).

A obesidade

É considerada uma patologia de caráter multifatorial que resulta de um histórico familiar, biológico, econômico, social, cultural, psicológico e até mesmo político.

Outros fatores que devem ser considerados no histórico da obesidade são os psicológicos, como ansiedade, depressão, estresse e desordens alimentares, além de alguns medicamentos, como os corticoides, consumo excessivo de bebidas alcoólicas e ausência de atividade física (OMS, 1998).

A obesidade está relacionada com os hábitos e as condições efetivas de vida e saúde da família, dos grupos e da sociedade.

As abordagens de prevenção e controle não chegam a todos os grupos sociais, e estratégias educacionais são conduzidas a classes sociais determinadas e mais elevadas economicamente.

É necessária a democratização dessas formas de prevenção, bem como melhorias ambientais, econômicas, educativas e sociais para todos.

6. Epidemiologia da obesidade infantil e na adolescência

dados da OMS indicam que uma em cada dez crianças no mundo apresenta obesidade. No Brasil, a Sociedade Brasileira de Endocrinologia e Metabologia – SBEM – identificou que o número de crianças obesas triplicou nas últimas décadas, sendo que uma em cada três está acima do peso, de acordo com dados do IBGE. Nos adolescentes, em cada dez, dois estão acima do peso.

A Pesquisa de Orçamentos Familiares – POF (2008-2009)

Realizada pelo Instituto Brasileiro de Geografia e Estatística – IBGE – em parceria com o Ministério da Saúde, apresentou um aumento importante no número de crianças acima do peso no país, principalmente na faixa etária entre 5 e 9 anos de idade.

O número de meninos acima do peso mais que dobrou entre 1989 e 2009, passando de 15% para 34,8%, respectivamente.

O número de obesos teve um aumento de mais de 300% nesse mesmo grupo etário, indo de 4,1% em 1989 para 16,6% em 2008-2009.

Com as meninas, a variação foi ainda maior: mesmo tendo sido utilizadas curvas diferentes para diagnóstico nos anos de 1989 e 2008-2009 e isso possa ter influenciado em números tão alarmantes, o crescimento não foi de igual proporção na faixa etária entre 10 e 15 anos, que também usou as mesmas curvas, indicando gravidade nos números – registrados e reforçados ainda pelo aumento da mediana do peso no grupo entre 5 e 9 anos de idade (IBGE, 2010).

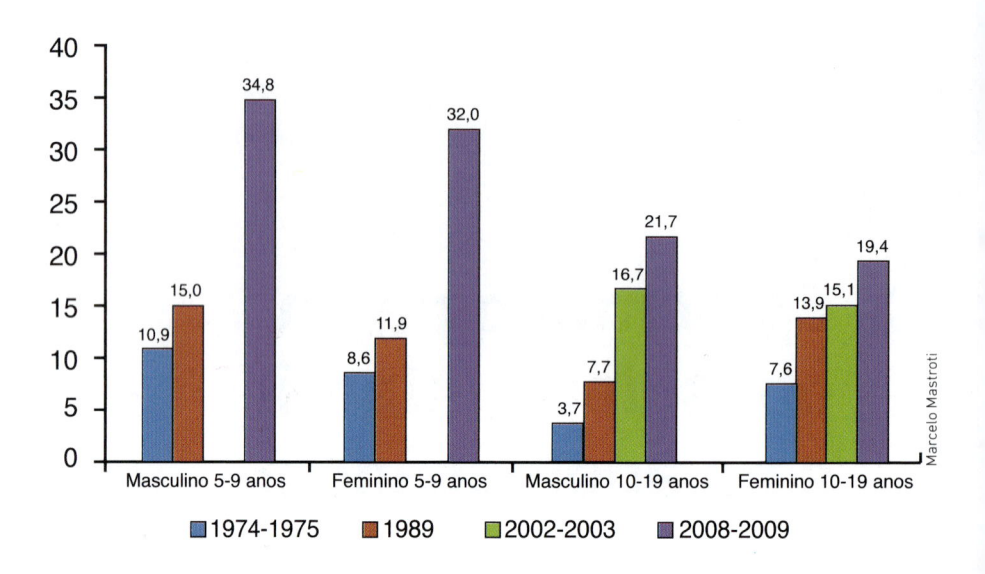

Figura 6.1: Evolução da frequência de **excesso de peso** no Brasil entre crianças e adolescentes

Fonte: POF 2008-2009 – IBGE – Períodos 1974-1975, 1989, 2002-2003 e 2008-2009.

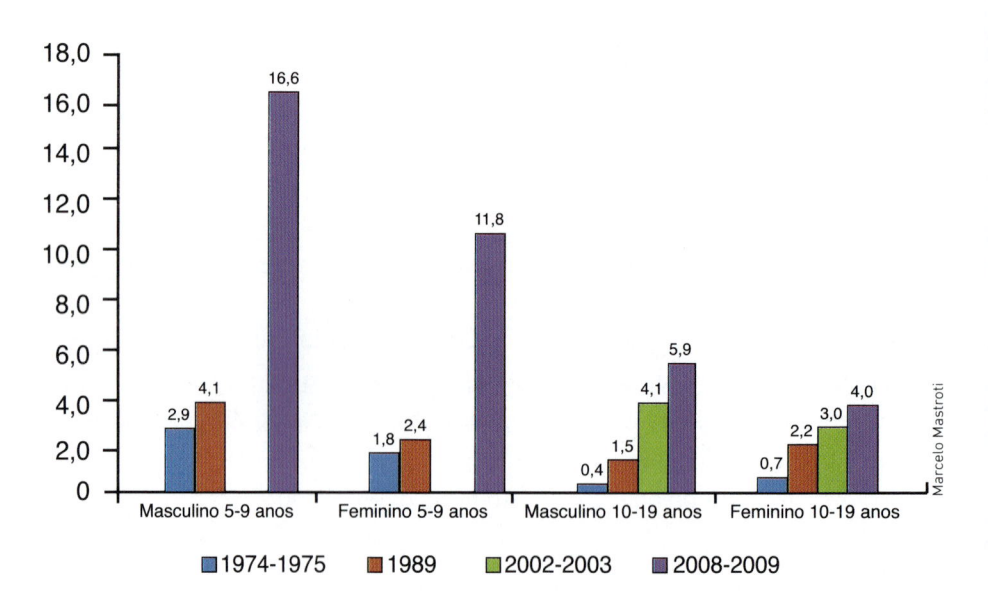

Figura 6.2: Evolução da frequência de **obesidade** no Brasil entre crianças e adolescentes

Fonte: POF 2008-2009 – IBGE – Períodos 1974-1975, 1989, 2002-2003 e 2008-2009.

Os dados avaliados como preocupantes fizeram que o governo iniciasse uma campanha nas escolas públicas de todo Brasil para combater a obesidade infantil e na adolescência.

As causas da obesidade nessas faixas etárias são semelhantes às mesmas causas que levam os adultos à obesidade: excesso de alimentos industrializados altamente energéticos, práticos, de rápido consumo, saborosos, bebidas açucaradas como os refrigerantes que substituem o leite e ausência de atividade física adequada à idade (BRASIL, MS, 2009).

A taxa de obesidade da população brasileira chega a 15%.

No Brasil, o excesso de peso está presente em todas as regiões em variadas classes econômicas. Em algumas regiões geográficas, o problema é mais crônico, como no Sul e Sudeste. A Pesquisa de Orçamento Familiar (POF), no ano de 2008-2009, realizada pelo IBGE em parceria com o Ministério da Saúde, aponta que 40% da população brasileira está acima do peso.

O dado preocupante é que, entre crianças de 5 a 9 anos, essa porcentagem também é alta. O IBGE revela que 36,6% das crianças brasileiras estão acima do peso.

Os índices de obesidade vêm crescendo nos últimos 35 anos. Em 1974, apenas 1,4% das crianças eram obesas, saltando para 16,6% em 2009.

POF identificou o seguinte padrão: há mais crianças obesas nas localidades urbanas e nas regiões Sul e Sudeste do Brasil (BRASIL, MS, 2009).

Em relação à população adolescente, os índices de excesso de peso e obesidade também cresceram, porém em ritmo mais lento. Se, em 1974, 0,4% dos adolescentes eram obesos, em 2009 essa porcentagem subiu para 5,9%.

A predominância de obesidade é maior nos adolescentes que vivem em famílias com maior poder aquisitivo, havendo uma distribuição territorial semelhante em todas as regiões brasileiras.

Constatou-se, ainda, que o sobrepeso aumentou mais entre os adolescentes do sexo masculino do que do feminino.

Os dados pesquisados revelam três padrões básicos das crianças e adolescentes que estão acima do peso:

1. Quanto maior a renda das pessoas, maior é a frequência de pessoas acima do peso;
2. Estão localizadas nas cidades e nos centros urbanos.
3. A localização desses jovens está nas regiões Sudeste e Sul, que são as de maior renda da população, se comparadas às outras regiões do país, e apresentam elevadas taxas de urbanização (POF, 2008-2009).

O Ministério da Saúde está propondo ações preventivas para evitar a obesidade em crianças e adolescentes, como o Programa Saúde na Escola (PSE), aberto aos Municípios e que passa a atender creches e pré-escolas. Cerca de 50 mil escolas participam do programa.

A obesidade, o sedentarismo e a má alimentação são fatores de risco para o desenvolvimento de doenças crônicas. Um dos objetivos do Plano de Ações Estratégicas para o Enfrentamento das Doenças Crônicas Não Transmissíveis (DCNT), lançado em 2011, é deter o crescimento da proporção de crianças, adolescentes e adultos brasileiros com excesso de peso ou com obesidade (BRASIL, MS).

Recomendação da Organização Mundial da Saúde – OMS

A OMS recomenda que o consumo diário de frutas e hortaliças seja de 400 gramas.

As proporções de consumo de frutas e hortaliças vão até 31% para pessoas com 12 anos ou mais de escolaridade, e 18% para pessoas que não concluíram o ensino fundamental ou têm menos de oito anos de escolaridade.

Figura 6.3: Frutas e hortaliças

O consumo de gordura saturada também é mais comum na mesa das famílias com menos estudo: 31,5% comem carne com excesso de gordura e 53,8% bebem leite integral regularmente. Já entre a população com maior escolaridade, os percentuais registrados estão abaixo da média nacional, com 27% e 47%, respectivamente.

Apenas 22,7% das famílias brasileiras consomem a porção diária de frutas e hortaliças recomendada pela Organização Mundial da Saúde (OMS), de cinco ou mais porções ao dia.

Outro indicador que preocupa é o consumo excessivo de refrigerantes, que têm como consumidores fiéis as crianças e adolescentes, sendo que 26% dos brasileiros tomam esse tipo de bebida ao menos cinco vezes por semana. Entre os jovens com idade entre 18 e 24 anos, 36 % declararam tomar regularmente a bebida.

O mercado brasileiro de refrigerantes é o terceiro em nível mundial, com um consumo de 15 milhões de litros por dia, de acordo com pesquisa do IBGE (POF, 2008-2009).

Segundo a Associação Brasileira das Indústrias de Refrigerantes e de Bebidas Não Alcoólicas (ABIR), o consumo do Brasil fica atrás somente dos EUA e do México.

Uma lata de refrigerante do tipo cola contém entre sete e nove colheres de sopa de açúcar, fornecendo somente calorias vazias, sem valor nutritivo (ABIR, 1998).

Figura 6.4: Refrigerantes

Diante dos registros sobre excesso de peso e obesidade em crianças e adolescentes, é necessário que diagnósticos sobre o estado nutricional nessas faixas etárias sejam frequentes por pediatras, nutricionistas e endocrinologistas.

O controle e a supervisão das refeições servidas nas escolas devem ser realizados pelo responsável pela merenda escolar e pela própria família dos alunos. Cabe ao setor de merenda escolar selecionar todos os alimentos que compõem os cardápios e também as formas de preparo culinário.

A gravidade do problema de sobrepeso e obesidade em crianças e adolescentes tende a se manter na idade adulta se não for tratada, e representam fatores de risco para outras doenças, como as cardiovasculares, diabetes tipo II, osteoartrite, hipertensão arterial, dislipidemias, doenças pulmonares, distúrbios do sono e, ainda, alguns tipos de câncer.

As crianças e os adolescentes obesos também ficam expostos a muitas doenças debilitantes responsáveis pela baixa qualidade de vida, como problemas emocionais, baixa autoestima, falta de afeto dos pais, discriminação dos colegas ou responsáveis, e podem apresentar baixo desempenho escolar.

É necessário identificar, reconhecer e tratar as causas que conduziram à patologia do sobrepeso e da obesidade.

7. Fatores de risco relacionados à obesidade infantil e na adolescência

As crianças e os adolescentes obesos apresentam maior incidência a complicações de saúde, desordens emocionais quando comparadas aos eutróficos. São elevados os riscos de doenças cardiovasculares, com registros documentados de óbitos prematuros nessas faixas etárias. Adolescentes obesos têm 80% de probabilidade de se tornarem adultos obesos (IBGE, 2010).

Crianças e adolescentes obesos são conscientes de seu problema com o peso e suportam rejeição, discriminações e sofrimento sem procurar auxílio específico, principalmente quando são filhos de pais obesos que apresentam grande resistência em modificar seus hábitos alimentares. Eles são dependentes do meio familiar em que vivem, e o problema da obesidade é reflexo desse meio. Quanto mais cedo estes jovens forem tratados com intervenções adequadas, maiores e melhores serão os resultados obtidos, evitando as complicações e danos irreversíveis na vida futura.

As crianças acima do peso precisam de uma atenção especial, para que o excesso de gordura corporal não acarrete doenças graves.

A obesidade infantil preocupa os profissionais da área de saúde em todo o mundo, com muitos estudos e pesquisas sendo conduzidos nessa área.

A obesidade infantil é consequência da má alimentação por alimentos com alto índice calórico, do sedentarismo, e ainda, pode ser associada a fatores genéticos, familiares, ambientais e psicológicos.

À medida que uma criança ingere mais calorias do que gasta ao longo do dia, a tendência é armazenar esse saldo de energia na forma de gordura; quando a rotina diária inclui brincadeiras e atividade física, a sua relação com a comida fica equilibrada.

O tratamento dietético para uma criança obesa requer um acompanhamento multiprofissional com médicos pediatras, nutricionistas, psicólogos e profissionais de educação física. A equipe multiprofissional atuará para tratar todos os fatores etiológicos da obesidade. É importante que a família, principalmente os pais, participem do processo e também adotem um estilo de vida saudável.

O impacto que as doenças e complicações da obesidade causa na vida de uma criança interfere diretamente na autoestima e pode gerar distúrbios psicológicos, depressão, isolamento, ausência de convívio social, agravos da dependência de álcool ou drogas à medida que se desenvolve.

A orientação nutricional deve ser diferenciada, prazerosa, educativa e esclarecedora, e nunca radical. A criança e o adolescente devem receber esclarecimentos a respeito das mudanças alimentares e dos benefícios que elas proporcionarão ao seu organismo.

As facilidades de uma alimentação hipercalórica e o sedentarismo associados a uso frequente das tecnologias (TV, computador, jogos eletrônicos) que substituem as brincadeiras de rua estão presentes nas causas de obesidade e suas complicações.

Figura 7.1: Brincadeiras de rua

As crianças brincam protegidas dentro de suas casas, em frente a televisão e computadores, frequentemente acompanhadas de uma tigela de batatas fritas, pacotes de bolacha recheada e salgadinhos industrializados, todos produtos com excesso de gorduras, sal e açúcar, e ainda com refrigerantes.

Para tratar a obesidade infantil, é imprescindível a participação da família, pois uma criança não modificará seus hábitos alimentares sozinha, ainda não apresenta maturidade para tal, mas com a família se responsabilizando e também mudando seus hábitos os resultados são mais eficazes.

7.1 A IMPORTÂNCIA DA AMAMENTAÇÃO, O DESMAME PRECOCE E A MÁ ALIMENTAÇÃO NO PRIMEIRO ANO DE VIDA

A Organização Mundial da Saúde – OMS – e o Fundo das Nações Unidas para a Infância – UNICEF – recomendam que toda criança deve ser amamentada exclusivamente no seio materno durante os primeiros 6 meses de vida; a partir desse período, devem-se introduzir gradualmente os alimentos complementares mantendo-se a amamentação até, pelo menos, os 2 anos de idade.

O primeiro contato da criança com alimento é a amamentação, importante fator entre o afeto e a alimentação. O leite materno, além de alimentar, irá atender todas as necessidades nutricionais do lactente. Proporcionará relaxamento e diminuição da tensão corporal, sendo comum no recém-nascido o chamado sorriso reflexo, tamanho é o prazer do relaxamento após uma mamada.

A amamentação é um dos mecanismos pelos quais o organismo regula a ingestão calórica, quando a mãe amamenta seu filho até 6 meses de vida – que é reconhecidamente dieta mais saudável nessa fase. As crianças amamentadas são mais hábeis em comunicar suas necessidades de regulação de ingestão de energia para as mães quando comparadas com as que recebem fórmulas maternizadas em mamadeiras.

O leite materno é o alimento mais perfeito para alimentar o lactente, desde os primeiros momentos de vida e, quando usado exclusivamente até os 6 meses, é suficiente para fornecer todos os nutrientes e água necessários à criança. Nenhum outro alimento é tão completo e de fácil assimilação nessa idade, estando pronto para o consumo e na temperatura adequada.

A amamentação garante o aporte de calorias, nutrientes e água, que contribuem para o crescimento infantil ideal além de ser um forte determinante do estado nutricional da criança. Mantém o efeito protetor por suas propriedades anti-infecciosas, reduzindo a prevalência de diferentes infec-

Figura 7.2: Amamentação

ções, como as gastrointestinais, respiratórias e nutricionais, e desenvolve a memória emocional por meio do alimento fornecido pela mãe que permanece na mente da criança (POF, 2009).

Outro fator importante são efeitos hormonais da amamentação, que podem influenciar o metabolismo energético em longo prazo e, consequentemente, diminuir os fatores que conduzem à obesidade. Os fatores bioativos presentes no leite materno regulam os fatores de crescimento epitelial e os de necrose tumoral, e ambos apresentam capacidade de inibir a diferenciação dos adipócitos.

A amamentação é a melhor escolha para diminuir e prevenir os riscos de excesso de peso em crianças e futuro adolescente, durante as fases de crescimento orgânico.

A amamentação pode prevenir o excesso de peso na infância em até 35%. Os índices de adesão das mães à amamentação subiram de cerca de 25%, nos anos 1970, para até 65%, nos anos 1990. No entanto, apenas 30 a 50% das mulheres permanecem amamentando até o sexto mês de vida (OMS, 2008).

Isso é importante quando se sabe que a incidência de obesidade diminui proporcionalmente em relação à duração da amamentação.

As gratificações primárias provocadas pelo alimento permanecem durante a primeira infância, até os 6 ou 7 anos. A partir dessa idade, a alimentação vai perdendo sua principal função de suprir a necessidade nutritiva do organismo, ou seja, alimenta-se para suprir a fome, por prazer ou até mesmo por gula, principalmente fora dos horários habituais das refeições.

A experiência emocional da amamentação acompanhará todo o desenvolvimento da criança, proporcionando-lhe segurança para enfrentar convívio no mundo interno e externo.

As crianças não amamentadas são fortes candidatas a se tornarem obesas e poderão apresentar forte compulsão alimentar ante as reações emocionais quando forem enfrentar determinadas situações da vida, fazendo uso excessivo do alimento.

Os lactentes, no período da amamentação, são mais tranquilos, seguros e inteligentes. Uma das maiores dúvidas que as mães apresentam é não ter clara a quantidade de leite que o lactente suga a cada mamada e achar que na mamadeira sabem a quantidade exata. É um conceito errado, pois o lactente sabe o momento em que está saciado. Ainda são difundidos o conceitos de "leite fraco" e de que peso é confirmação de bebê saudável, sendo que tais ideias podem conduzir para a superalimentação ou a introdução na dieta de alimentos ainda não indicados à idade.

É necessário equilíbrio emocional em ambos – mãe e filho –, estabelecido de forma natural e harmônica, sem a interferência de outras pessoas ou familiares ou mesmo profissionais não esclarecidos. Nessa relação de harmonia, o lactente suga a quantidade de leite que necessita, adequada ao seu desenvolvimento, suga no seu ritmo e sabe quando parar, dormir, voltar a mamar. O lactente ganha o peso necessário e adequado ao seu tamanho e idade; sua digestão e excreção funcionam naturalmente.

Aos poucos, a mãe aprende a conhecer seu ritmo, seus gostos e preferências, e o lactente, da mesma forma, aprende a conhecer a mãe construindo assim sua saúde mental.

Cabe à mãe a função exclusiva de facilitadora, e a amamentação é uma forma de interação entre ela e o bebê. Nessa troca de afetos, a mãe cria capacidade para a criança, mais tarde, cuidar da própria vida. Quando a mãe superalimenta seu filho, ela pode afastá-lo das reais condições de desenvolvimento saudável que poderão se manifestar na forma de transtornos alimentares em outras fases da vida.

À medida que a mãe reconhece as características do filho, reconhece os sinais do choro. Nem sempre o chorar da criança é fome, pode ser insegurança, frio, necessidade de conforto, ansiedade, necessidade de proteção e dor. O choro é um meio de comunicação entre mãe e filho, uma forma eficiente de linguagem primitiva.

Essa relação afetiva é responsável pela estruturação da personalidade, o vínculo lhe fornece o sentimento de segurança para enfrentar a vida.

Apesar das recomendações para o aleitamento ao seio pelos órgãos e profissionais de saúde, muitas mães insistem em administrar outros leites como o de vaca, o maternizado, leite em pó comum, outras bebidas e até alimentos sólidos a lactentes com menos de 4 meses. Interrompem definitivamente o aleitamento materno bem antes dos 2 anos, sendo esta uma situação desoladora e a qual demonstra a insuficiência das informações que devem ser prestadas às mães. As informações devem ser simples, seguras e esclarecedoras não só para iniciar o aleitamento materno, mas também para toda a fase de lactente. Os índices de insucesso no aleitamento são de mães que foram mal informadas e pouco esclarecidas sobre as vantagens da amamentação ao seio para a criança e todas as desvantagens de um aleitamento artificial, quando ocorre o desmame prematuramente. É primordial que as mães reconheçam os mecanismos neuro-hormonais, a fisiologia da lactação e os processos da estimulação das mamadas frequentes. Esclarecendo que, quanto mais a criança mamar, mais leite será produzido.

É de grande importância que a mãe resista à tentação de introduzir suplementação láctea na dieta do bebê. A introdução desses suplementos tem como consequência a redução dos fatores que estimulam e mantêm a lactação, haverá a diminuição da produção do leite materno e em curto prazo, a mãe conclui que não é mais capaz de produzir leite suficiente para seu filho.

Quando adoece, o lactente tem mais necessidade do leite materno. Caso ocorra dificuldade para a criança sugar ao peito, o leite deve ser extraído manualmente e o bebê continuará a receber o leite da mãe. Se a mãe adoecer, somente doenças raras requerem a interrupção da amamentação. Sempre que possível, manter a ordenha da mãe e encorajá-la a retomar a amamentação, quando estiver em condições de fazê-lo.

As mães que trabalham, ao finalizar a sua licença de maternidade, podem extrair o leite e mantê-lo refrigerado para as mamadas enquanto estiver ausente de casa. As empresas devem estimular e respeitar a lei que determina que existam salas onde as mães de lactentes possam realizar a amamentação. O aleitamento materno deve constituir um direto inalienável em todo mundo, e os direitos maternos, respeitados como forma de nutrir o lactente.

Ao substituir o aleitamento materno por uma alimentação inadequada à idade da criança, esta poderá precocemente desenvolver a obesidade infantil. Muitas mães substituem o aleitamento materno por outro tipo de leite e ainda introduzem prematuramente produtos à base de amido para dar saciedade, como: amido de milho, farinha de trigo, farinha de aveia e até mesmo água açucarada. Esses produtos introduzidos na alimentação da criança no período da amamentação são causadores diretos da obesidade infantil e também provocam cárie dentária prematuramente na primeira dentição.

A identidade infantil se forma por meio da dimensão de seu próprio corpo. A criança obesa tem dificuldade de identificar as dimensões de seu corpo, tem uma visão distorcida dele e apresenta transtorno da imagem corporal e baixa autoestima.

Essa relação está condicionada à sua origem alimentar, quando a mãe vê no choro somente a necessidade de alimentar o filho, no momento em que ele necessita de proteção. Mais tarde, em seus momentos de angústia, ele irá procurar na comida a necessidade de segurança.

Por exemplo: se nos seus momentos de raiva a criança sempre receber alimento, entende erroneamente que, para se acalmar, necessita comer. Sempre que tiver sentimentos de ira ou raiva buscará conforto no alimento, assim como nos momentos de ansiedade.

Nesse exemplo de distorção, a criança não reconhece as necessidades reais de seu corpo, nem sua forma e tamanho.

Crianças que recebem excesso de alimentos desenvolvem erroneamente o hábito de que a comida é o caminho seguro, e encontram no alimento e na obesidade formas de se protegerem de muitos problemas afetivos ou do dia a dia.

Um componente emocional comum nas mães e familiares é confirmado quando ocorre a confusão de que só é saudável a criança gordinha e que a magra é doente.

Quando a mãe reconhece as reais necessidades do filho, é capaz de interagir por meio do olhar, do toque, da empatia e possibilitará o seu desenvolvimento amplo e completo, de forma que a criança se relacione consigo e com o mundo de forma saudável.

7.2 OS FATORES GENÉTICOS E AS DOENÇAS METABÓLICAS

Clinicamente, é possível identificar alguns fatores e indicadores de influência na genética da obesidade infantil e na adolescência.

Esses são fatores genéticos que determinam a susceptibilidade de um indivíduo para o excesso de peso e obesidade, no entanto a genética está condicionada pela exposição a determinados fatores ambientais e fatores de risco para o desenvolvimento dessa patologia, bem como pelo excesso de oferta de alimentos altamente energéticos.

A genética pode ser a causa da obesidade infantil, mas cerca de 90% dos casos são resultados de fatores exógenos, ou seja, o estilo de vida dos hábitos alimentares familiares (ABESO, 2010).

O início do estudo genético da obesidade ocorreu em 1994, quando a clonagem dos genes *agouti* e da leptina em roedores desencadeou uma verdadeira revolução na compreensão biológica do desenvolvimento da obesidade.

A leptina, hormônio produzido no tecido adiposo branco, e o seu receptor estão presentes em vários tecidos, mas os seus efeitos sobre o peso corporal manifestam-se por meio de ação hipotalâmica (CARVALHO, 2006).

A leptina é um marcador da quantidade de tecido adiposo, de modo que, com o aumento da massa adiposa, aumenta a produção de leptina, o que, via inibição do *neuropeptídio Y*, reduz a ingestão alimentar e aumenta o gasto energético.

Esse mecanismo tende a fazer a massa adiposa retornar ao seu ponto de ajuste. Nas pessoas obesas, no entanto, esse ponto de ajuste é diferente, talvez devido a uma resistência à ação da leptina.

Foram identificadas várias crianças que não produzem leptina: nascem com peso normal, mas, por causa do apetite voraz, rapidamente se tornam obesas.

A maioria das pessoas obesas apresenta um excesso de leptina e não um déficit do hormônio, sugerindo assim que o mecanismo seja mais uma resistência à ação dessa substância do que propriamente ocasionado por sua ausência ou uma dificuldade em atravessar a barreira *hematoencefálica*.

São reconhecidos sete genes como causadores da obesidade humana; os dois primeiros genes estudados são: o gene *agouti* e o gene da leptina.

São várias as respostas que surgiram em função do estudo desses genes, por exemplo:

Mamíferos podem tornar-se obesos por vários mecanismos, sendo que a maioria dos genes da obesidade dos humanos é a mesma que causa obesidade em ratos, por isso a razão do interesse no estudo da obesidade nesses roedores. Assim sendo:

- A identificação dos genes que podem causar obesidade será útil para desenvolvimento de medicamentos para tratar a obesidade;
- A obesidade humana não é causada por um único gene, mas da interação de múltiplos genes.

A obesidade em crianças e adolescentes apresenta como fator determinante e provável uma herança poligênica, sendo que o risco de obesidade quando nenhum dos pais é obeso é de 9%, ao passo que, quando um dos progenitores é obeso, sobe para 50%, atingindo 80% quando ambos são obesos. Contudo, o fato de a obesidade apresentar influência genética não significa que essa patologia seja inevitável (FISBERG, 2004).

Devem ser colocadas em prática todos as formas de tratamento para prevenir o sobrepeso e a obesidade, e também os projetos de educação alimentar em locais frequentados por crianças, adolescentes e familiares onde possam ser identificados os benefícios de uma alimentação saudável.

Clinicamente, é possível identificar alguns fatores indicadores de influências genéticas na obesidade, como, por exemplo, a presença de acentuada obesidade precocemente na infância ou adolescência.

Existe uma maior associação de risco de desenvolvimento de excesso de peso e obesidade em uma criança com história familiar de obesidade mórbida do que com níveis mais moderados de obesidade.

7.2.1 Os aspectos genéticos da obesidade

A obesidade pode provocar alterações metabólicas múltiplas que contribuem para doenças cardiovasculares: coronariopatias, hipertensão arterial, trombose venosa, *diabetes mellitus*, dislipidemias, afecções pulmonares, renais, biliares e certos tipos de neoplasias.

O sobrepeso ao nascer pode ser um fator predominante de risco de obesidade mais tarde, assim como baixo peso ao nascer parece aumentar o risco de doenças cardiovasculares em adultos, mesmo com índice de massa corpórea normal.

A análise da curva do índice de massa corpórea em função da idade demonstra que este aumenta durante o primeiro ano de vida e, depois, diminui a partir dos 12 meses.

Um valor mínimo do índice de massa corpórea permanece até a idade de 4 a 8 anos, quando novamente aumenta o índice.

O aumento precoce, antes da idade de 5,5 anos, foi associado a aumento rápido do valor do índice de massa corpórea e eleva o risco de obesidade na idade adulta.

A menarca na idade de 11 anos ou menos predispõe ao risco de obesidade na idade adulta na mulher. A maturação sexual precoce é mais frequente nas meninas obesas.

As doenças cardiovasculares se manifestarão mais tarde, na idade adulta, mas os fatores de risco já aparecem na infância. Os fatores de risco estão diretamente relacionados ao excesso de peso e à distribuição de gordura corporal, como nos adultos. A ocorrência de problemas cardiovasculares ou de fatores de risco em familiares próximos predispõe maior risco em crianças e adolescentes. O histórico familiar é determinante para o diagnóstico.

Já a doença aterosclerótica pode se manifestar na infância e adolescência.

A síndrome metabólica na vida adulta é maior nos indivíduos que apresentaram obesidade na infância. Os fatores de risco são mais prevalentes quanto maior o grau de obesidade.

Os riscos de hipertensão arterial e hipertrigliceridemia parecem ser maiores nas crianças mais novas, e os riscos de hipercolesterolemia e hiperinsulinemia, maiores em adolescentes (HALPERN, 2007).

A incidência de diabetes tipo 2 na infância e, principalmente, na adolescência, é crescente quando há ocorrência de sobrepeso e obesidade.

A obesidade e o histórico familiar estão associados ao aparecimento do diabetes tipo 2 em jovens e em adultos.

A deposição de gordura abdominal, assim como em adultos, é fator de risco para diabetes tipo 2 em crianças e adolescentes. A resistência à insulina prediz o aparecimento de diabetes tipo 2. A resistência é comum em crianças e adolescentes obesos e está relacionada com várias alterações metabólicas.

As medidas menos invasivas e de maior relevância clínica são glicemia de jejum e insulinemia de jejum (KRAUSE,1998).

O sedentarismo pode ser capaz de promover a obesidade em crianças e adolescentes geneticamente predispostos. Os distúrbios genéticos e endócrinos são responsáveis por 10% das causas que conduzem à obesidade infantil.

Figura 7.3: A genética da obesidade

7.3 O BALANÇO ENERGÉTICO DESFAVORÁVEL

A urbanização crescente e a globalização nas últimas décadas nos países com economias de mercado emergente no mundo, os fatores determinantes comportamentais de vida e saúde, entre eles a alimentação, têm sofrido rápidas mudanças nem sempre saudáveis.

A adoção de padrões alimentares altamente energéticos e inadequados para crianças e adolescentes que apresentam acentuado desequilíbrio nutricional, associado ao sedentarismo, resulta em graus de sobrepeso e obesidade nesses grupos etários.

As necessidades nutritivas de crianças e adolescentes variam de acordo com o grau de crescimento, a maturação do organismo, o sexo, as brincadeiras e a atividade física, e também a capacidade orgânica para utilizar os nutrientes provenientes da ingestão de alimentos. Vários estudos epidemiológicos identificaram a relação entre as dietas inadequadas com elevadas quantidades de gordura, açúcar e sal, mas pobres em nutrientes, como responsáveis pelo aumento de peso corporal nessas idades.

Os adolescentes frequentemente fazem dietas inadequadas, sendo que em muitas refeições consomem lanches calóricos e gordurosos no lugar das refeições nutritivas, muitas vezes por falta de tempo pelo excesso de compromissos que assumem como estudantes, outras vezes por influência do marketing e da oferta de produtos práticos e muito calóricos. No Brasil, o número de refeições em *fast-food* aumentou assustadoramente nas últimas décadas, e seus maiores clientes são os adolescentes e as crianças. Ocorre um consumo calórico bem maior que o gasto energético para as atividades diárias (ALMEIDA, 2000).

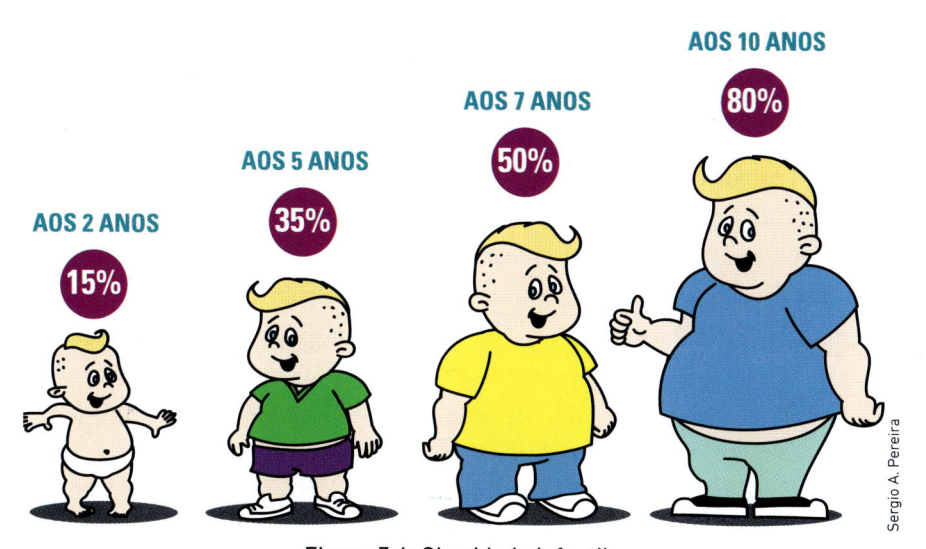

Figura 7.4: Obesidade infantil

Mais brasileiros obesos

Dados por faixa etária da Pesquisa de Orçamentos Familiares (POF) do IBGE revelam o crescimento do problema em 20 anos

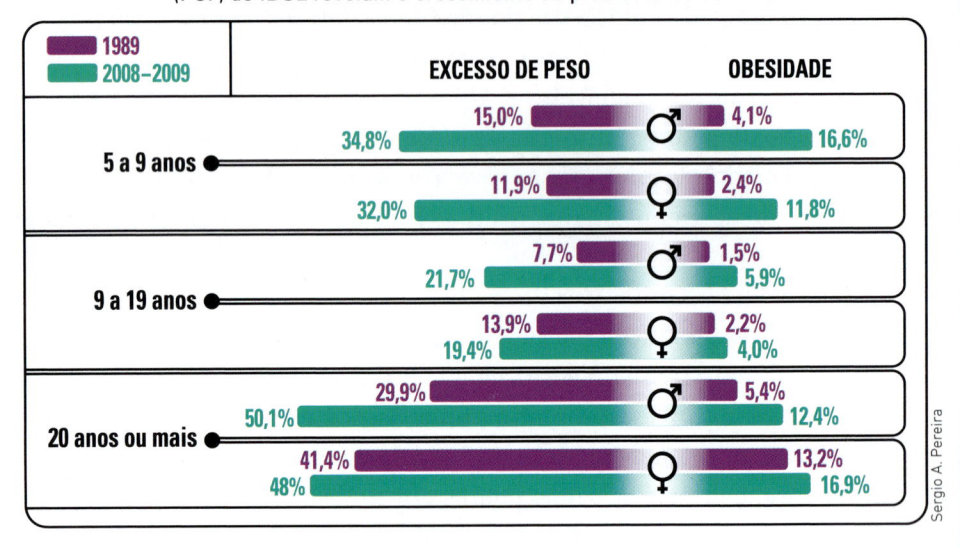

	EXCESSO DE PESO		OBESIDADE
1989 / **2008-2009**			
5 a 9 anos ♂	15,0% / 34,8%		4,1% / 16,6%
5 a 9 anos ♀	11,9% / 32,0%		2,4% / 11,8%
9 a 19 anos ♂	7,7% / 21,7%		1,5% / 5,9%
9 a 19 anos ♀	13,9% / 19,4%		2,2% / 4,0%
20 anos ou mais ♂	29,9% / 50,1%		5,4% / 12,4%
20 anos ou mais ♀	41,4% / 48%		13,2% / 16,9%

Figura 7.5: Mais brasileiros obesos
Fonte: IBGE, 2009.

7.3.1 Fatores neuroendócrinos da obesidade

Reconhecer a composição corporal em crianças e adolescentes é uma forma de auxiliar no estudo de fatores como os genéticos e os nutricionais, assim como a influência que exercem no desenvolvimento físico e biológico. A composição corporal nessas idades está mudando suas características de forma desfavorável se comparadas há décadas. Os níveis de gordura corporal apresentam-se mais altos, o que conduz a adultos obesos.

O excesso de gordura corporal abdominal constitui-se em um sério problema de saúde que pode resultar no surgimento de DCNT(Doenças Crônicas Não Transmissíveis).

O estudo sobre regulação neuroendócrina do balanço energético apresentou resultados progressivos nos últimos seis anos, que foram identificados como: alças de regulação com retroinibição negativa, incluindo os neuromoduladores e efetores que permitem a rígida regulação do balanço energético. Os componentes primários que atuam nesse sistema neuroendócrino são identificados por meio de três componentes primários, que são:

1. *O sistema aferente* como a ação da leptina e outros sinais de saciedade e de apetite que atuam em curto prazo. A leptina apresenta a sua ação

de neuroendócrino primário ao sinalizar ao hipotálamo *ventromedial* a quantidade de tecido adiposo depositado na periferia.
2. *A unidade de pro*cessamento do sistema nervoso central – localizada no hipotálamo ventromedial e constituída pelos núcleos arqueado e ventromedial; núcleo paraventricular e hipotálamo lateral.
3. *O sistema eferente*, um complexo que regula a ação entre apetite/saciedade, efetores autonômicos, termogênicos e motores (FONSECA, 2001).

Quando ocorre um problema na ação de um desses componentes, o estoque energético eleva-se, conduzindo o organismo à obesidade.

Os sinais para que ocorra a ingestão alimentar são: a hipoglicemia, a baixa do cortisol e a elevação dos níveis do hormônio gástrico *ghrelin*.

O sistema eferente

O sistema eferente é a unidade de processamento central que coordena o gasto energético em relação aos estoques orgânicos.
Podemos organizar o sistema eferente em:

- Apetite e seus componentes motores;
- Sistema nervoso autônomo simpático e parassimpático.

Durante o jejum ou durante uma refeição, uma série de sinais é produzida e atua em curto ou em longo prazo com o objetivo de sinalizar a fome ou a saciedade, respectivamente.
Informam sobre os estoques de tecido adiposo, e esses sinais podem ser produzidos na periferia ou em nível central.
São três os componentes do gasto energético diário:

- Gasto energético em repouso;
- Efeito térmico do alimento;
- Gasto energético voluntário.

Os sinais aferentes de saciedade incluem a presença de macronutrientes (particularmente proteínas) e colecistocinina, bombesina, glucagon, amilina, peptídeo glucagon-like (GLP-1) e insulina (CINTRA, 2004).

7.3.2 Controle neuroendócrino de apetite

Os sistemas de transmissão de controle neuroendócrino agem basicamente de três formas:

1. Ácido gama aminobutírico – GABA

Atua no sistema nervoso central – SNC – como se fosse um interruptor (liga/desliga) em uma variedade de circuitos neurais, com efeitos não específicos para nenhum sistema ou formas de comportamento.

2. Ação das monoaminas

São as norepinefrina, dopamina e serotonina. Atuam no SNC como substâncias reguladoras de vários sistemas alternados em diversas vias, mas sem especificidade. Por exemplo: a dopamina aparentemente não está envolvida no apetite propriamente dito, mas a norepinefrina e a serotonina apresentam importantes efeitos na regulação do peso corporal. Essa ação das monoaminas é inibida com a aplicação medicamentosa, como a sibutramina, que inibe a recaptação de serotonina e, assim, proporciona a sensação de saciedade.

3. Neuropeptídios

Seus efeitos são mais específicos nas funções do organismo. São a leptina, neuropeptídio Y, melanocortinas, orexígenos A e B, os transcritos relacionados à cocaína e anfetamina – CART – e o hormônio concentrador de melanina – MCH.

Síndrome metabólica

A síndrome metabólica ou plurimetabólica, chamada anteriormente síndrome X, é caracterizada por um conjunto de alterações metabólicas que apresentam resistência celular à ação periférica da insulina, hiperinsulinemia compensatória, hipertensão, obesidade, dislipidemia e um risco aumentado de doença cardiovascular. Pela associação de fatores de risco para as doenças cardiovasculares (cardíacas e derrames cerebrais), vasculares periféricas e diabetes.

Tem como base a resistência à ação da insulina, o que obriga o pâncreas a produzir mais desse hormônio. Também podem ser identificadas em pacientes alterações na coagulação sanguínea, hiperuricemia e microalbuminúria.

A síndrome metabólica é uma doença associada à obesidade, como resultado da alimentação inadequada e do sedentarismo.

Os fatores de risco que apresenta são:

- Intolerância à glicose, caracterizada por glicemia em jejum na faixa de 100 a 125 mg/dL; ou por glicemia entre 140 e 200 mg/dL, após administração de glicose;
- Hipertensão arterial;
- Níveis altos de colesterol ruim (LDL) iguais ou superiores a 130 mg/dL e baixos do colesterol bom (HDL) 60 mg/dL;
- Aumento dos níveis de triglicérides;
- Obesidade central ou periférica que deixa o corpo com o formato de maçã e está associada à presença de gordura visceral;
- Ácido úrico elevado, sendo que os níveis normais variam entre 2,4 a 6 mg/dL, em mulheres, e 3,4 a 7,0 mg/dL, nos homens.
- Microalbuminúria, isto é, eliminação de proteína pela urina;
- Fatores pró-trombóticos que favoreçam a coagulação do sangue;
- Processos inflamatórios (a inflamação da camada interna dos vasos sanguíneos favorece a instalação de doenças cardiovasculares);
- Resistência à insulina por causas genéticas.

Além da obesidade, os fatores hormonais e genéticos associados aos ambientais, como aumento da ingestão calórica e o sedentarismo, apresentam importante contribuição na gênese dessa patologia (CLAUDINO; ZANELLA, 2005).

7.4 OS TRAUMAS FAMILIARES E O ESTRESSE

O comportamento alimentar familiar é uma característica de difícil análise pela complexidade que envolve cada família e cada pessoa que a compõe. Devem ser analisados o desenvolvimento cognitivo, o social e o emocional familiar. Os hábitos alimentares são determinados por suas preferências, nível econômico, regionalidade, interferência do marketing, nível cultural, seu estilo de vida e influência dos fatores psicológicos.

A estrutura e o equilíbrio psíquico das famílias determinam suas preferências e a sua relação com o alimento, enquanto o contexto sociocultural contribui para mudanças, adaptações de usos e costumes de acordo com as necessidades ou identidades social e de trabalho.

A alimentação na evolução do homem e das famílias não está mais vinculada ao ato de alimentar-se nos horários de fome para cumprir a função biológica de preservação e fornecimento de energia. Mudanças foram sendo assimiladas ao longo da era moderna, da evolução tecnológica, da necessidade de praticidade e da falta de tempo, assim como da valorização da função psicológica e social do alimentos associado à necessidade de prazer.

A família de obesos responde aos estímulos externos sem preocupar-se com a qualidade do alimento; o ato de alimentar-se está além dos estímulos internos como de saciar a fome, prioriza e considera somente o apetite. Geralmente, além dos fatores genéticos, a criança cresce em um ambiente obesogênico favorável para desenvolver a obesidade.

Em determinadas famílias, as crianças podem herdar uma estrutura psíquica que as leva a sentir gratificação oral acima de todas outras satisfações, favorecendo uma maior ingestão alimentar do que seria necessário.

Causas de origem psicológica também se associam ao ganho excessivo de peso, a situações de estresse, ansiedade e depressão, influenciando o comportamento alimentar de crianças e adolescentes no consumo excessivo de alimentos como forma de compensação.

Dentre os fatores que conduzem à obesidade, ainda encontram-se os psicossociais, como a discriminação, a pouca aceitação em ambientes comuns e diários, como as salas de aula, o isolamento e a falta de atividades sociais.

Os fatores psicossociais atingem mais as meninas, enquanto crianças apresentam maior risco de desenvolver distúrbios de comportamento alimentar na adolescência até a vida adulta.

Crianças e adolescentes com sobrepeso ou obesos comumente apresentam problemas psicossociais precoces causados por discriminação social no ambiente em que estão inseridos. A baixa autoestima pode comprometer o seu desenvolvimento até que sejam conduzidos a um tratamento com profissionais de saúde.

Devem ser tratados por programa multidisciplinar que atenda às necessidades de equilíbrio alimentar, atividades físicas e psicológicas. As consultas devem ser dirigidas ao paciente e à família, e devem incluir orientações nutricionais e dietéticas, atividades físicas e aconselhamento psicológico.

Exige profissional capacitado e investimentos dos familiares para atingir os resultados esperados. O tratamento é em longo prazo e nada fácil. Os riscos de crianças e adolescentes obesos tornarem-se adultos obesos são altos, é necessário que os esforços dos profissionais se concentrem em abordagem eficientes bem planejadas para que os resultados apareçam e possam ser evitadas as complicações de saúde associadas à obesidade nessas idades.

7.5 AS ALTERAÇÕES NOS HÁBITOS NUTRICIONAIS FAMILIARES

A alimentação das famílias brasileiras está mudando nas últimas décadas, substituindo os antigos hábitos alimentares saudáveis por produtos industrializados e práticos sem valor nutricional necessário ao desenvolvimento das crianças e adolescentes. As alterações nos padrões alimentares com redução de alimentos como cereais e leguminosas, frutas e hortaliças, laticínios, carnes e ovos modificaram o ambiente familiar, que prioriza hoje o aumento no consumo de gorduras e açúcares, tornando-o obesogênico.

A alimentação inadequada composta por lanches e salgadinhos industrializados, salsichas, bolachas e biscoitos recheados, balas e doces, leite aromatizado em caixinhas, e, frequentemente, refrigerantes dos mais variados tipos e presentes em todas as refeições diárias, faz que o apetite das crianças responda aos apelos comerciais. São produtos com alta densidade energética e sem valor nutricional. Para crianças com características genéticas favoráveis, este é o caminho para a obesidade.

Preocupante é observar que crianças e adolescentes se interessam e não abrem mão desses produtos, e ainda com o consentimento e a aprovação dos pais, que compram sem se preocupar com a qualidade do produto, sendo este o principal fator para obesidade nessas idades.

O apetite das crianças responde aos estímulos das cores, do sabor, da aparência desses produtos, muitas vezes representados somente nas embalagens coloridas, sendo produtos com sabor e odor artificiais, carregados de componentes químicos nada saudáveis. É grande a influência das propagandas do

Figura 7.6: Produtos industrializados

mercado dos alimentos industrializados quando comparados aos alimentos nutritivos como hortaliças, grãos, frutas, laticínios, entre outros. O poder e apelo da mídia, a facilidade de acesso aos produtos, o baixo custo e a variedade grande apresentam concorrência até desleal e despreocupação com a saúde de quem os consome.

No Brasil, os produtos mais anunciados em propagandas e que representam 20% da mídia não estão de acordo com os alimentos recomendados na pirâmide alimentar. São alimentos presentes no grupo de gorduras, óleos, açúcares e doces, seguidos do grupo dos pães, cereais e massas. Os grupos de carnes e ovos, grãos, frutas e hortaliças nunca são vistos em propagandas (POF, 2009).

As propagandas estimulam, principalmente, as crianças e os adolescentes ao consumo de alimentos com elevado grau de processamento industrial, altamente calóricos, com grande quantidade de açúcares, gorduras, sal e aditivos químicos.

A presença de crianças e adolescentes em casa também pode influenciar na disponibilidade de alimentos potencialmente obesogênicos nas residências, principalmente por sua praticidade.

Aliados a esses produtos, a falta de atividades físicas que contribuem para o armazenamento energético e aumento do tecido adiposo. Os pais, preocupados com a segurança de seus filhos, colaboram com as tecnologias do lazer sedentário, adquirindo TVs, computadores e jogos eletrônicos. Juntos, esses fatores, alimentação calórica e sedentarismo, causam o desequilíbrio do balanço energético favorecendo ao sobrepeso e obesidade infantil.

A família influencia os hábitos alimentares das crianças e também o lado comportamental, assim como a genética. Os profissionais de saúde necessitam auxiliar crianças e adolescentes com problemas de sobrepeso e obe-

Figura 7.7: Criança assistindo à TV e comendo alimentos ricos em gorduras e açúcares

sidade conhecendo os hábitos alimentares de todos os familiares que dividem a mesma despensa ou geladeira, ou seja, os mesmos alimentos.

É imprescindível, para que ocorra a perda de peso, que todos os familiares estejam envolvidos no processo educativo e na intervenção. Alterações nos padrões e estilos de vida da família devem servir para todos, as condutas e discursos devem ser reconhecidos por todos para evitar as mensagens contraditórias.

A abordagem deve ser adequada a cada faixa etária, assim como para os diferentes níveis socioeconômicos.

Um adolescente deve ter a orientação diferenciada de uma criança. O início da avaliação deve ser apenas com o adolescente, a fim de ouvir suas justificativas para o desequilíbrio de peso corporal e, quando subirem na balança, a presença dos pais é importante para traçar as metas de tratamento.

Quanto às crianças, os pais é que são orientados. Os resultados serão melhores se sentirem-se comprometidos com a saúde do filho, e são eles os principais agentes de mudança para orientar a criança, que é a razão do tratamento. As crianças devem ser orientadas claramente, com cuidado, com explicações que justifiquem a necessidade das mudanças dos hábitos alimentares para não aumentar a sua ansiedade.

Para sucesso nos resultados, independentemente da faixa etária, é necessária uma equipe de profissionais formada por pediatra, nutricionista, psicólogo e profissional de atividade física e, em algumas situações, até por fisioterapeuta.

7.6 OS PERIGOS DOS MEDICAMENTOS

O tratamento medicamentoso para perda de peso nessas faixas etárias em que ocorrem grandes alterações do crescimento físico e orgânico, em geral, não é recomendado. A terapia medicamentosa não deve ser prescrita por causa dos possíveis efeitos colaterais e grande risco de dependência química ou psicológica (FISBERG, 1995).

Os fármacos anorexígenos são depressores do apetite que atuam no hipotálamo – nos centros que regulam e diminuem o apetite e, consequentemente, a frequência das refeições.

São indicados nos casos de:

- Compulsão alimentar, hiperfagia e bulimia;
- Incapacidade de ingestão de dietas hipocalóricas;
- Obesidade mórbida;

- Doentes com IMC superior a 30 kg/m²;
- Doentes que apresentam IMC superior a 25 kg/m² com alguma doença associada, como diabetes e hipertensão;
- Casos de tratamentos ineficazes com dieta e exercício.

Os efeitos secundários podem ser:

- Euforia por estimulação do sistema nervoso central em crianças e adolescentes;
- Aumento da frequência cardíaca e da pressão arterial;
- Nervosismo;
- Insônia;
- Secura na boca;
- Obstipação;
- Morte.

Os fármacos serotoninérgicos ou antidepressivos aumentam a saciedade, tendo efeito sobre a compulsão alimentar. Sua ação é no sistema nervoso central (HALPERN, 2002).

Os medicamentos termogênicos aumentam o metabolismo e raramente são usados. Atuam em nível dos hormônios da tireoide T3 e T4, provocando perda de peso por aumento do consumo de oxigênio e do catabolismo proteico.

Os efeitos secundários refletem-se, sobretudo, no sistema cardiovascular.

Os inibidores da absorção intestinal de gorduras atuam inibindo a ação da lipase pancreática, o que provoca uma redução de 30% na absorção de gorduras ingeridas nas refeições (CRUZ, 1983).

O mais inócuo dos métodos farmacológicos consiste na administração de substâncias produtoras de resíduos que preenchem o estômago, diminuindo a sensação da fome, e aumentam a saciedade, sem o acréscimo de calorias.

Geralmente, são gomas vegetais não metabolizáveis – as fibras, como a celulose e a pectina, que ingeridas antes das refeições com grandes quantidades de água induzem uma falsa sensação de saciedade.

No entanto, o seu uso frequente pode causar deficiências nutricionais, por isso que elas não são recomendadas com frequência (BURTON, 1979).

Os chamados *moderadores do apetite* tornam as restrições dietéticas mais toleráveis. O efeito é temporário, mas pode causar dependência e efeitos secundários como insônia, nervosismo, taquicardia, palpitações e hipertensão temporária.

A utilização de terapêutica deve ser utilizada apenas quando todas as outras soluções para a perda de peso estiverem esgotadas. A escolha do medicamento deve ser feita tendo em conta os efeitos secundários e os seus custos.

No tratamento, a indicação terapêutica é aceitável quando há prescrição de medicamentos para os obesos de IMC superior a 30, ou em jovens com a obesidade mórbida ou patológica e o benefício supera as contraindicações dos fármacos (SANTOS, 2005).

7.7 O SEDENTARISMO

Um dos grandes fatores que contribui para o sobrepeso e a obesidade infantil é a ausência de atividade física, das brincadeiras de rua e o aumento da inatividade acompanhada do consumo de produtos industrializados e calóricos. As crianças sem atividades adequadas à idade não gastam a energia acumulada por meio da ingestão dos alimentos calóricos.

A falta de segurança dos grandes centros e até mesmo em cidades menores faz que os pais confinem seus filhos nos apartamentos e nas casas onde residem. O lazer é restrito a atividades sedentárias como assistir TV, jogar em videogames e computadores. Em alguns locais, as crianças somente saem para brincar em parques ou praças nos finais de semana quando os pais estão disponíveis para essas atividades, nem sempre frequentes. Mesmo quando estão presentes, os pais preferem a segurança dos lares porque seus compromissos com a administração da casa não permitem esse tempo para lazer com os filhos.

Nas escolas, as aulas de educação física não incluem mais jogos competitivos que envolvam gastos energéticos que satisfaçam, muitas vezes por falta de estrutura nos locais. E a ocorrência dessas aulas não satisfaz em termos de quantidade, já que no calendário escolar elas apresentam uma frequência semanal reduzida e com limitada carga horária.

A atenção das escolas deve ser reestruturada e direcionada para programas com atividades especiais que envolvam o desenvolvimento físico, mental, de habilidades individuais e em grupos, competitivas, com atividades prazerosas que incluam gasto energético para compensar as atividades a que as crianças não têm acesso, e não só nas aulas de educação física.

Nada imobiliza mais uma criança que assistir na TV uma programação passiva dos apelos dos comerciais e das propagandas sedutoras de guloseimas, lanches, bebidas, bolachas, doces, salgadinhos, todos envolvendo personagens de histórias infantis e sonhos de consumo para ficar mais "fortes e lindos". E, somado a essa inatividade, também o hábito de comer na frente da tela da TV as refeições maiores sem observar a qualidade e a quantidade que está consumindo.

O ambiente familiar sobrecarregado de uma grande variedade de produtos gordurosos, guloseimas e refrigerantes somado ao sedentarismo são os fatores que mais contribuem para o aumento do sobrepeso e da obesidade nos lares contemporâneos.

O aumento de peso corporal é resultado do desequilíbrio energético que se acumula ao longo do tempo (MCARDLE, 2003).

Os alimentos industrializados e as lojas de lanches ofertam a cada dia porções cada vez maiores, e a frequência do consumo aumenta algumas sem limite no consumo de refrigerantes. As consequências desses hábitos geram resultados graves como o sobrepeso, e a obesidade está acontecendo cada vez mais cedo e com maior intensidade.

A prevalência da obesidade na infância limita suas ações e o desenvolvimento saudável, e a coloca em situações de graves riscos a saúde.

Figura 7.8: Lanche, porção gigante

7.8 AS FASES DE RISCO DO CRESCIMENTO ORGÂNICO

As altas taxas da prevalência de obesidade infantil vêm preocupando profissionais da área de saúde, por esse motivo estão sendo feitas pesquisas a respeito de prevenção, causas e tratamentos.

No início da década de 1990, a Organização Mundial de Saúde – OMS – divulgou, depois de uma estimativa, que 18 milhões de crianças em todo o mundo, menores de 5 anos, foram classificadas com sobrepeso.

A obesidade pode ser conceituada como o acúmulo de tecido gorduroso, localizado em todo o corpo, causado por doenças genéticas, endócrinas, metabólicas ou por alterações nutricionais (FISBERG, 1995).

Considera-se que a obesidade é uma enfermidade crônica acompanhada de múltiplas complicações, caracterizada pela acumulação excessiva de gordura (COUTINHO, 1998).

Verifique se o seu filho está com o peso certo*

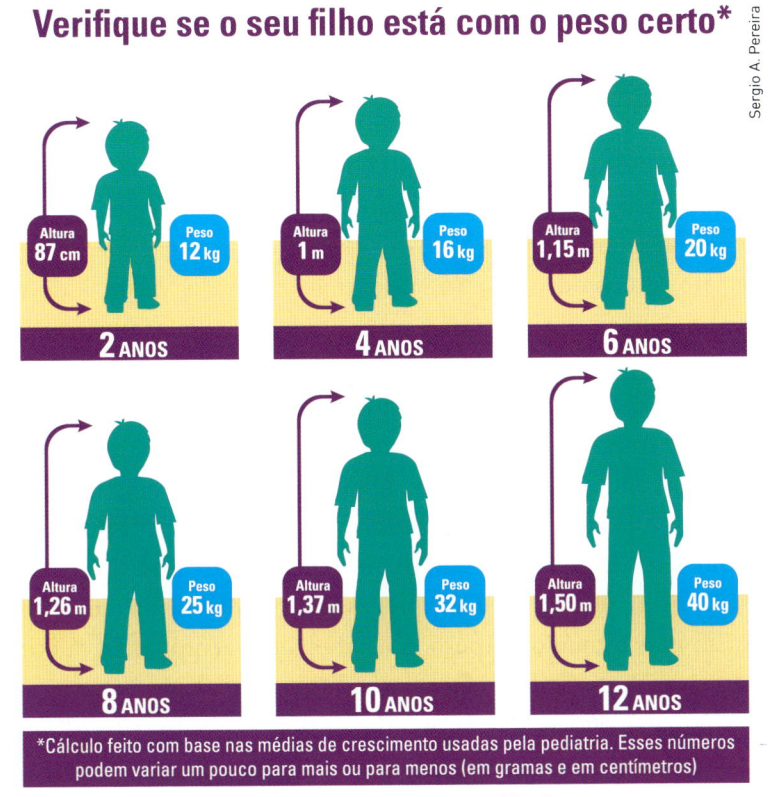

Idade	Altura	Peso
2 anos	87 cm	12 kg
4 anos	1 m	16 kg
6 anos	1,15 m	20 kg
8 anos	1,26 m	25 kg
10 anos	1,37 m	32 kg
12 anos	1,50 m	40 kg

*Cálculo feito com base nas médias de crescimento usadas pela pediatria. Esses números podem variar um pouco para mais ou para menos (em gramas e em centímetros)

Figura 7.9: Tabela de peso ideal

A obesidade pode ocorrer em três períodos críticos da vida, quando pode aumentar o número de células adiposas, ou seja, a hiperplasia. São eles:

- **No último trimestre da gravidez – período fetal.** Quando a gestante não tem cuidados nutricionais necessários com a sua alimentação e desenvolve um aumento de peso corporal além do recomendado que pode modificar a composição corporal do feto em desenvolvimento.
- **Nos primeiros anos de vida da criança:** principalmente na transição após o desmame, se forem introduzidos alimentos não recomendados para a idade com alta densidade energética. No primeiro ano de vida após o desmame, é importante que sejam oferecidos à criança alimentos nutritivos, necessários ao seu crescimento, manutenção e regulação. A introdução dos novos alimentos deve ser gradual para atender às necessidades nutricionais, o desenvolvimento emocional e sociocultural. É necessário que a criança aceite o alimento saudável de forma que se torne um hábito diário. Consequentemente, ela irá criar seus hábitos alimentares, que são formados até os 2 anos de idade e a acompanharão toda a sua vida. Se eles forem saudáveis, não haverá preocupação para mudá-lo.

O período da inapetência, entre os 2 e os 4 anos, é uma fase fisiológica natural de desenvolvimento e de grande preocupação das mães, quando a criança recusa o alimento, e que podem incorretamente alterar os hábitos alimentares saudáveis quando são oferecidos alimentos de fácil aceitação nada saudáveis. A maneira prática de os pais lidarem com essas situações pode facilitar um processo de ganho exagerado de peso quando estes produtos substituem as refeições nutritivas (MONTEIRO, 2000).

O ritmo intenso de crescimento e maturação na infância determina a necessidade de altos requerimentos nutricionais para a criança; as necessidades de energia e nutrientes são baseadas na ingestão de alimentos saudáveis que atendam às demandas da idade, mesmo que em porções menores mais vezes ao dia até que a fase da inapetência passe.

A criança entre 2 e 3 anos de idade forma a maior parte das células adiposas. São células elásticas, capazes de armazenar gordura até dez vezes o seu tamanho inicial, e que se dividem em duas quando esse limite é ultrapassado, ou seja, multiplicam-se. Esse processo de multiplicação diminui após a adolescência, mas o tecido adiposo já estabelecido acompanhará o indivíduo para sempre, somente poderá alterar o volume dos adipócitos.

Esse é o período conhecido como *multiplicação do tecido adiposo*; é quando a composição corpórea se modifica em associação com o IMC. É estabelecido que a multiplicação precoce do tecido adiposo predisponha à obesidade na idade adulta.

- **O crescimento na puberdade e adolescência** é um período de crescimento físico acelerado, do desenvolvimento das características sexuais secundárias, de maturação sexual e das características intelectuais e mentais, sociais de interesse e de respostas emocionais. As necessidades calóricas e nutritivas são aumentadas, o apetite é voraz, mas devem ser mantidas as orientações adequadas à idade de forma mais saudável possível.

A obesidade hiperplásica manifesta-se na infância, é causada pelo aumento do número de células adiposas no organismo, aumenta a dificuldade da perda de peso à medida que ela se desenvolve e cresce, e, consequentemente, gera uma tendência natural à obesidade futura.

Para avaliar a obesidade na infância até os 10 anos, o método mais utilizado como critério de diagnóstico é a relação peso/estatura – sendo considerados obesos aqueles indivíduos com a porcentagem do peso ideal acima de 120%, de acordo com dados referenciais da antropometria nacionais e internacionais (DÂMASO, 1995).

A obesidade *hipertrófica* é causada pelo aumento do volume nas células adiposas, podendo se manifestar ao longo de qualquer fase da vida. A obesidade com tendência à *hiperplasia adipocitária* oferece maior resistência na vida adulta.

Quanto à fisiopatologia, a obesidade pode ser *hiperfágica*, que resulta da fome compulsiva ou do comer excessivamente, assim como pode ocorrer a obesidade metabólica em razão de anormalidade hormonal que determina um baixo metabolismo.

O excesso de peso na infância geralmente é ocasionado por uma combinação de vários fatores, incluindo o sedentarismo.

As consequências das alterações metabólicas que ocorrem na obesidade durante as fases de crescimento na infância e na adolescência podem ser muito extensas e intensas, variadas, atingindo praticamente todos os sistemas orgânicos.

Podem ser reversíveis, desde que se consiga a redução de peso e que as estruturas orgânicas acometidas não tenham sofrido danos anatômicos irreparáveis.

A morbidade associada à obesidade pode ser identificada já no adolescente.

O papel da nutrição no desenvolvimento da obesidade está relacionado ao fato de que as proteínas, os lipídios e os carboidratos encontrados na alimentação são metabolicamente interconvertíveis, com exceção dos aminoácidos e ácidos graxos essenciais. Considerando que não existe nenhuma relação para o balanço calórico entre os carboidratos e as proteínas, existe uma correlação estreita dos primeiros com o balanço lipídico. É estabelecido que os lipídios, e não os carboidratos e as proteínas, são utilizados ou estocados em função dos requerimentos calóricos.

Sendo que o consumo energético e a composição corporal identificam que:
O papel dos carboidratos:

- A oxidação dos carboidratos está estreitamente correlacionada à ingestão diária de alimentos;
- O excesso ingerido em um primeiro momento resulta na elevação das reservas de glicogênio que serão espontaneamente mantidas a um nível inferior à indução da lipogênese, graças à limitação espontânea da ingestão alimentar;
- É necessário que o consumo de glicídios excedente fique armazenado previamente por vários dias, para que ocorra uma elevação na lipogênese.

O papel do consumo de lipídios:

- Quando a alimentação é rica em gorduras, os ácidos graxos somente serão oxidados se os níveis de glicogênio permanecerem baixos. O aumento na ingestão de gorduras não ocasiona um aumento na oxidação dos lipídios;

- É estabelecida uma correlação estatística significativa entre a quantidade de lipídios consumidos e o sobrepeso. O consumo elevado de gorduras está relacionado com uma redução na ingestão de fibras, vitaminas e minerais, bem como carboidratos e, quando adultos, de álcool;
- A relação entre a fração da contribuição calórica fornecida pelas gorduras e o peso corporal tem sido observada em idade precoce. A correlação positiva entre índice de massa corporal e o consumo de lipídios é ainda mais forte quando se trata do consumo de gorduras saturadas. Por outro lado, existe uma correlação negativa em relação à ingestão de carboidratos;
- A dieta hiperlipídica também favorece o aumento no consumo alimentar, tendo em vista que os alimentos ricos em gordura proporcionam maior prazer na saciedade e sua textura necessita de menor esforço para a mastigação que os alimentos ricos em fibras;
- O perigo desses alimentos é ressaltado pelo fato de que o mesmo volume de um alimento rico em gorduras, com sua alta densidade calórica, proporcionará menor saciedade que igual volume de alimento rico em fibras (KRAUSE, 1998).

As proteínas, no primeiro ano de vida:

Vários métodos são utilizados para estimar as necessidades totais de proteínas. São consideradas as variações individuais e a definição do nível seguro de ingestão para cada faixa etária. O nível seguro de ingestão corresponde às necessidades médias para cada faixa etária de determinados grupos populacionais, sendo adicionados dois desvios padrões. Em vários países, as quantidades recomendadas têm demonstrado uma tendência à diminuição nos últimos anos.

A ingestão segura de proteínas, aproximadamente para os dois primeiros anos de vida, é de 10 g/dia, e de 12 g/dia, entre 2 e 3 anos de idade (ALMEIDA, 2000).

A prevalência da obesidade entre crianças e adolescentes aumenta dia a dia. Profissionais da área de saúde e educadores têm um importante papel para auxiliar na solução desse grave problema, como:

- Envolver a família no tratamento de crianças e adolescentes;
- Estabelecer metas realistas e atingíveis de mudanças comportamentais;
- Apresentar propostas e planos de reeducação alimentar para implantar a alimentação saudável;
- Combater o sedentarismo.

8. A alimentação do escolar equilibrada como forma de prevenir a obesidade infantil e na adolescência

A família é o primeiro ambiente social da criança e a principal formadora dos hábitos alimentares. A escola é uma instituição responsável pelos hábitos já em processo de desenvolvimento. Todos, família e escola, precisam estar envolvidos no processo educativo de formação e de saúde para a construção de uma sociedade responsável e comprometida com o bem-estar da criança e do adolescente.

Os profissionais de nutrição, professores e toda equipe de profissionais envolvidos com a alimentação das crianças e adolescentes nas escolas devem estar envolvidos ativamente em atividades educativas sobre os benefícios da alimentação saudável como forma de evitar as DCNT – Doenças Crônicas Não Transmissíveis, principalmente os casos de sobrepeso e obesidade.

A criança deve construir sua conduta alimentar por meio de condicionamento sobre os hábitos alimentares que ela vivencia em família e encontra continuidade na escola ou vice-versa.

A escola tem uma missão: elaborar cardápios balanceados adequados a cada idade do desenvolvimento da criança, seja na creche, na pré-escola ou para o escolar. É necessário administrar os recursos disponíveis, muitas vezes reduzidos, e oferecer aos estudantes cardápios nutritivos, balanceados, saborosos, atraentes que atendam às exigências legais de higiene e segurança alimentar, com valor energético e nutricional recomendados, com quantidades de vitaminas, sais minerais, aportes de carboidratos, lipídios, proteínas e água suficientes para cobrir as necessidades de cada idade.

As escolas particulares trabalham com verba preestabelecida para o setor de nutrição, e as escolas públicas recebem recursos da União, do Programa Nacional de Alimentação Escolar. Esse é um programa de caráter suplementar, coordenado pelo Fundo de Desenvolvimento da Educação, que prevê a transferência de recursos federais para os Estados, Municípios e Distrito Federal, que tem como objetivo comprar alimentos para a merenda escolar e, assim, suprir em parte as necessidades nutricionais dos alunos da educação básica e ensino fundamental das escolas públicas, quilombolas e entidades filantrópicas.

Os recursos federais são depositados em conta única e específica do Programa Nacional de Alimentação Escolar e gerenciados por entidades executoras: Secretarias de Educação dos Estados e do Distrito Federal, Prefeituras Municipais e Escolas Federais (MEC, 1999).

> Após o recebimento dos recursos financeiros do Programa Nacional de Alimentação Escolar, as entidades executoras precisam divulgar amplamente esse recebimento em locais públicos, como murais das escolas, das igrejas, postos de saúde, rádios e jornais e outros locais acessíveis, a fim de que toda a sociedade civil possa participar da fiscalização do uso dos recursos da alimentação do escolar (MEC, 2004).

Figura 8.1: Alimentação escolar

O programa de alimentação do escolar deve ser eficiente e cuidar de todas as etapas relacionadas ao seu planejamento. É preciso planejar os cardápios e aprová-los, controlar a aquisição dos alimentos, a forma de preparo com prática culinária saudável, a segurança alimentar e a distribuição e aceitação pelos escolares. Cada etapa deve ser cuidadosamente planejada de forma que as crianças e pré-adolescentes recebam refeições com a qualidade nutricional esperada. Os cardápios devem ser planejados por nutricionista, com a colaboração das merendeiras e supervisionados pelo Conselho de Alimentação Escolar.

Os cardápios devem ser elaborados levando em conta os hábitos alimentares da localidade ou região e da sua produção agrícola. São elaborados a cada dois meses e publicados em Diário Oficial. Para elaboração, devem levar em conta a faixa etária dos estudantes, a disponibilidade da matéria-prima, a facilidade do preparo (já que muitas escolas não têm merendeiras), manter o controle de estoque e a qualidade dos produtos de acordo com a legislação brasileira de alimentos.

No planejamento dos cardápios dos escolares, devem ser observados aspectos como o quantitativo e qualitativo. Quantidade suficiente e de acordo com as faixas etárias e qualidade nutricional, organolépticas, higiênico-sanitária, operacional e conceitual, completa e variada de acordo com as leis da nutrição. Apresentar proporcionalidade com equilíbrio nutricional, moderada com relação ao consumo de açúcares, gorduras e sal, ainda variedade e balanceada com os alimentos nutritivos apropriados as necessidades energéticas e nutricionais (MEC, 2004).

Para preservar a saúde das crianças, os alimentos adquiridos devem ser isentos de corantes e aromas artificiais e agrotóxicos.

As refeições devem ser balanceadas com produtos de boa qualidade nutricional, comuns na alimentação da população brasileira e com boas condições de armazenamento, respeitando data de validade, condições sanitárias, priorizando alimentos básicos *in natura* e semielaborados, assegurando formas corretas de preparo e consumo saudável. Os cardápios devem prever a utilização mínima de 70% de produtos básicos, que são os produtos comuns à mesa de todos os brasileiros, como arroz e feijão, hortaliças e frutas, laticínios, carnes e ovos.

O caráter nutricional da alimentação do escolar deve ser calculado e balanceado dentro das recomendações diárias preconizadas pela OMS – Organização Mundial da Saúde. Os cardápios devem atender a 15% das recomendações nutricionais das crianças que permanecem até 4 horas/dia, e 66% das recomendações diárias das crianças com permanência de 8 horas/dia na escola (MEC, 1996).

O segredo da boa alimentação que atenda às expectativas da criança escolar está na variedade dos alimentos e nas combinações que podem ser criadas com eles. Aos 6 meses de vida, com a introdução de novos alimentos nas refeições, a criança começa a formar seus hábitos alimentares e aprende a aceitar e comer vários tipos de alimentos. O número de refeições ideal para as crianças são seis ao dia, e o lanche na escola está entre elas.

Cada refeição deve ser elaborada com, pelo menos, um alimento de cada grupo alimentar, que são: os construtores, os energéticos e os reguladores.

Os alimentos novos devem ser introduzidos depois de testados, segundo o grau de aceitabilidade das crianças, sendo que o índice de aceitação não deve ser inferior a 70%.

As mudanças nos hábitos alimentares familiares e a redução ou ausência da atividade física desenvolveram uma série de problemas comuns em crianças e adolescentes de diferentes classes sociais. O aumento da obesidade entre os jovens em idade escolar tem se tornado tema frequente entre os profissionais de saúde e educação.

É fato que as crianças gostam de salgadinhos, frituras, biscoitos recheados, guloseimas, refrigerantes, porém esses produtos não devem ser radicalmente proibidos, mas dosados ou consumidos esporadicamente. Seu excesso é prejudicial à saúde por serem fontes de grandes quantidades de gordura, açúcar e sal.

Figura 8.2: Alimentação escolar saudável

A educação alimentar é importante nessas fases de crescimento da criança para formar os bons hábitos alimentares. Os familiares e educadores devem participar deste ato, pois é por meio dele que a criança conhece os novos alimentos.

As necessidades nutricionais dos primeiros anos de vida estão condicionadas ao rápido crescimento orgânico, ao desenvolvimento do sistema muscular e ósseo, às reservas para a puberdade e adolescência e ao desenvolvimento intelectual. Quando não atendidas, o desequilíbrio dietético pode causar anormalidades metabólicas tornando-os vulneráveis a várias doenças e baixo rendimento escolar.

É necessário ter atenção e cuidado com os alimentos que são oferecidos às crianças, pois atualmente o nível de sobrepeso e obesidade entre elas aumentou. A má alimentação pode causar sérios problemas na aprendizagem, a criança pode apresentar fadiga, ficar incapaz de participar das atividades em sala de aula, adoecer frequentemente e perder aulas. O desenvolvimento intelectual ficará comprometido, apresentará evolução cognitiva abaixo do normal, anormalidades no crescimento físico, distúrbios epiteliais, redução da acidez gástrica, palidez cutânea, unhas finas e achatadas e outros sintomas (DUTRA, 2008).

A qualidade da alimentação das crianças nos lares demonstrou que há uma deficiência de oferta e consumo de alimentos nutritivos como hortaliças, grãos, frutas, legumes, carnes, ovos e laticínios na maioria das refeições oferecidas aos escolares – prática que justifica o aumento da obesidade infantil, quando esses grupos de alimentos são substituídos por lanches, salgadinhos gordurosos, refrigerantes e guloseimas.

As crianças e escolares com doenças crônicas devem receber das escolas uma atenção especial quando fazem a refeição com os colegas, principalmente aquelas que apresentam desordens alimentares, alergias, diabetes, fenilcetonúricos, doença celíaca ou outras patologias que requerem uma alimentação diferenciada. O ato de alimentar-se é um fator social de integração, e essas crianças necessitam de apoio por parte dos educadores, pelo fato de receberem alimentos diferenciados dos seus colegas.

8.1 AS CANTINAS ESCOLARES

A disponibilidade de alimentos ofertados na cantina escolar não pressupõe a oferta de alimentos saudáveis, o que contraria a proposta da escola como ambiente saudável.

A cantina deve dar exemplos de educação alimentar e, ainda, constituir-se num ambiente de estímulo e divulgação de informações sobre alimentação e nutrição, de forma que auxilie a preservar e manter a saúde de crianças e adolescentes.

A regulamentação da venda de alimentos em cantinas escolares tem sido desenvolvida em alguns Estados e Municípios brasileiros nos últimos anos.

Figura 8.3: Ilustração para cantinas escolares

No Congresso Nacional, tramitam distintos projetos de lei sobre esse tema, mas não há ainda um dispositivo de lei de abrangência nacional para a regulamentação (ANVISA, 2004).

Alguns Estados e Municípios autorizam a comercialização, em escolas públicas, de:

- Sanduíches com recheio de queijo branco, ricota, frango, peito de peru, atum, requeijão, pasta de soja, legumes e verduras;
- Biscoitos tipo *cream cracker*, água e sal e maisena;
- Bolos de massa simples, cereais integrais em flocos ou em barras;
- Pipoca natural sem gordura;
- Frutas;
- Picolé de frutas;
- Leite integral;
- Suco de fruta natural;
- Vitamina de frutas com leite;
- Leite fermentado, achocolatado, iogurte de frutas;
- Água de coco.

São proibidos:

- Balas, pirulitos e chicletes;
- Chocolates, doces à base de goma, caramelos;
- Refrigerantes, sucos artificiais, refrescos à base de pó industrializado;
- Salgadinhos industrializados, como *chips*;
- Biscoitos recheados;
- Doces e salgados fritos;
- Pipocas industrializadas;
- Alimentos preparados com embutidos: presuntos, mortadelas, salames, linguiças e salsichas;
- Alimentos que contenham corantes e antioxidantes artificiais;
- Alimentos sem indicação de origem, composição nutricional e prazo de validade.

A proposta desses Estados de alterar os alimentos comercializados nas cantinas escolares busca a promoção da alimentação saudável, desenvolvida na escola, visando valorizar as medidas de proteção, as quais impedem que crianças e adolescentes que ainda estão desenvolvendo capacidade e habilidade de aprendizagem não fiquem expostos a fatores e situações de risco à saúde, como o sobrepeso e a obesidade (ANVISA, 2006).

A educação nutricional tem grande importância no esclarecimento sobre a escolha dos alimentos para as crianças e estudantes, e também na orientação aos pais.

Figura 8.4: Alimentos proibidos nas cantinas escolares

9. A interferência do marketing dos alimentos industrializados na mídia e os perigos do *fast-food*

O marketing na TV atinge cerca de 88% das famílias brasileiras. Em média, uma criança brasileira passa cerca de cinco horas na frente da TV. Os investimentos em publicidade de alimentos industrializados e pouco nutritivos são altíssimos em termos de mercado, sendo bilhões de dólares ou reais aplicados com o objetivo de conquistar o mercado mais promissor – as crianças e os jovens que se encantam com as propagandas desses produtos, e que, por sua vez, conquistam seus pais e familiares na hora da aquisição. O resultado são as mudanças no comportamento alimentar que, junto com a inatividade física, resulta em sobrepeso e obesidade (IBGE, 2010).

Figura 9.1: Marketing na TV

O crescimento da oferta de novos produtos industrializados influencia de forma negativa a alimentação e a saúde de crianças e adolescentes, que são públicos vulneráveis ao apelo das ofertas. Geralmente, as escolhas e compras são assistidas pelos pais, que colaboram com as solicitações, muitas vezes pela praticidade que o produto apresenta, outras como forma de gratificação e agrado aos filhos. São poucos os pais ou adultos que têm por hábito a leitura dos rótulos dos alimentos. Se o fizessem, essas compras seriam reduzidas.

Nos mercados, os produtos são colocados no nível de visão das crianças e ao seu alcance, como estratégia de marketing. As crianças entre 2 e 3 anos acreditam nas fantasias centrais dos personagens das propagandas, geralmente associados com as histórias que são contadas em casa ou nas escolas que frequentam. Para eles, as informações dos comercias são verdadeiras, alguns conseguem persuadir seus pais de várias formas e são atendidos prontamente.

Muitas crianças com mais idade usam várias técnicas de negociação com seus pais e os conquistam, e, em muitas situações, os próprios pais é que são seduzidos pela propaganda dos produtos e compram para agradar seus filhos; então esse processo se torna um hábito.

Na puberdade, por influência do grupo social, a negociação aumenta e é até mais criativa, o consumidor infantil já tem consolidado o seu perfil de consumidor, o hábito faz parte do cotidiano.

O adolescente é altamente vulnerável a influências da propaganda na TV, dos grupos sociais e de seu grupo. Apresenta comportamento, linguagem,

Figura 9.2: Marketing infantil

forma de vestir-se próprios, e a alimentação de acordo com o momento e a mídia. A propaganda é um fator que colabora com o consumo frequente de lanches e dos produtos industrializados que anuncia.

A publicidade e a propaganda usam técnicas cada dia mais sofisticadas e conseguem seduzir os consumidores-alvo. O poder das informações da mídia é muito forte, capaz de modificar os hábitos e os costumes saudáveis facilmente.

O excesso de publicidade, principalmente da TV, na vida das crianças e jovens se reflete não só nos hábitos, mas em altos índices de doenças que eram comuns somente em adultos, como o sobrepeso e a obesidade, e os problemas que resultam da má alimentação. Os novos hábitos alimentares interferem no crescimento e nos padrões de imunidade, tornando-os suscetíveis a doenças infectocontagiosas.

A propaganda e a publicidade de alimentos como salgadinhos, guloseimas, refrigerantes, todos produtos ricos em açúcar, gordura e sal, contribuem para um ambiente "obesogênico" que torna as escolhas saudáveis mais difíceis para crianças expostas à propaganda diariamente.

No Brasil, em 2005, a mídia investiu cerca de 1 bilhão de reais para cada dólar despendido pela Organização Mundial da Saúde – OMS – tentando promover a nutrição saudável.

Os governos federal, estadual e municipal e entidades de saúde e alimentação devem analisar formas de acordos entre empresas de alimentação e os meios de comunicação e marketing para implantar a diminuição progressiva da promoção até a eliminação de produtos alimentícios e de bebidas que contribuem para o comprometimento da dieta na criança e adolescente, a fim de que o respeito à saúde prevaleça sobre as perspectivas de morte precoce e/ou a anos de vida incapacitantes na idade adulta (ANVISA, 2004).

A influência persuasiva dos comerciais da TV procura atingir o comportamento de consumo do público em geral. A sua intenção explícita é a de estimular a aceitação e venda do produto anunciado.

Os produtos mais anunciados nas propagandas incluem cereais matinais, refrigerantes, salgadinhos com elevado teor de sal e *fast-food*.

Os comerciais da TV constituem uma fonte de conflitos familiares quando os pais são resistentes aos apelos. As propagandas estimulam a criança a adotar e a exigir a compra dos produtos que ela vê anunciados.

Quando são negados às crianças os produtos anunciados e induzidos pelas propagandas, a insatisfação infantil é evidente e pode resultar em insatisfação e infelicidade que refletem em sua condição psicológica.

A televisão é o meio de publicidade mais popular para produtos alimentícios e bebidas no mundo.

Muitos países descrevem a quantidade elevada de propagandas de alimentos direcionados às crianças, e alguns já têm leis de restrição implantadas com controle de tempo e horários, preocupados com os gastos gerados aos órgãos de saúde para o tratamento das doenças ocasionadas pelo alto consumo desses produtos.

A publicidade na TV tem causado grande preocupação e muitos debates por várias entidades, preocupadas com os efeitos sobre a saúde da criança e do adolescente da técnica voraz do marketing.

Esse tema tem resultado em várias entidades que estudam e elaboram documentos autorregulatórios para abordar, regular e fiscalizar a questão do marketing de alimentos para crianças e jovens no Brasil (ANVISA, 2006).

OMS publica recomendações para publicidade de alimentos não saudáveis

Como parte da ofensiva contra doenças não contagiosas, a Organização Mundial da Saúde (OMS) publicou uma lista de recomendações internacionais para que os governos regulamentem a publicidade de alimentos e bebidas não saudáveis para crianças. O documento foi aprovado por 27 países em 20 de maio de 2010, durante a 63ª Assembleia Mundial de Saúde (World Health Assembly – WHA), realizada em Genebra (Suíça).

Para a OMS, os governos internacionais têm a responsabilidade de desenvolver políticas públicas para reduzir o impacto do marketing de alimentos e bebidas com baixo teor nutricional nas crianças. Com esse objetivo, uma das orientações pede a proibição de comunicação mercadológica desse tipo de produto em ambientes dedicados às crianças, como escolas e *playgrounds*.

A estimativa era a de que mais de 42 milhões de crianças com menos de 5 anos estivessem acima do peso ou sofressem de obesidade até o fim de 2010 – das quais 35 milhões são de países em desenvolvimento, como é o caso do Brasil. A OMS se diz profundamente preocupada com esses números e ressalta a forte influência da publicidade na formação de hábitos alimentares não saudáveis (OMS, 2010).

9.1 O *FAST-FOOD*

Os *fast-food*, termo em inglês que significa "comida rápida", destacam-se pela produção de lanches. Encontram-se em locais predeterminados e avaliados pela mídia como de grande atração nos centros comerciais, em esquinas próximas de faróis, nas praças de alimentação dos shoppings. Podem ser lanchonetes e restaurantes.

A alimentação é baseada em refeições rápidas como: hambúrguer, batata frita, frango frito, pizza, esfirras, sanduíches, crepes, *milk-shake*, sorvete, refrigerante etc.

Esses alimentos práticos e muito calóricos têm grande aceitação das crianças e adolescentes. São apresentados em embalagens atraentes, mas as recomendações nutritivas necessárias sempre excedem as necessidades nutricionais nessas faixas etárias e, para acompanhar, são servidos junto com bebidas ou refrigerantes com muito açúcar e aditivos químicos. Alguns deles são associados a brindes que seduzem crianças e jovens, os quais se tornam viciados colecionadores. As porções são aumentadas a cada estação, assim como o tamanho do copo da bebida (MENDONÇA, 2010).

Década de 1990 — 333 calorias
Atualmente — 590 calorias

300 ml — 128 calorias
700 ml — 298 calorias

Figura 9.3: Comparação de tamanhos, volumes e calorias dos lanches e refrigerantes

As crianças, sempre acompanhadas dos pais, veem nessas refeições a praticidade, mas não avaliam seu valor energético. São refeições servidas em pequeno espaço de tempo, que respondem rapidamente à ansiedade das crianças e jovens.

Para o consumo de lanches nos *fast-food* não é necessário o uso de talheres, pois são servidos em embalagens de papel ou plástico sempre descartáveis que agradam a crianças e adolescentes para uma refeição sempre rápida. A limpeza e a higiene aparentes são observadas em grandes e visíveis balcões de aço inoxidável nem sempre confiáveis.

O sucesso da primeira rede de *fast-food* fez surgirem novas franquias por todo o mundo. As franquias são especializadas nos mais diferentes tipos de lanches rápidos. É um sistema que traz manifestações culturais e sociais relativas a um novo significado do consumo na sociedade atual.

O consumo rápido impõe um atrativo aos jovens, que deixam de lado a alimentação tradicional e preferem a rápida e gordurosa com sabor atraente ao paladar. A grande aceitação das redes de *fast-food* são resultados das condições da modernidade, da falta de tempo, da falta da preocupação do hábito da alimentação saudável, sendo um novo cotidiano no mundo da pressa, que não se preocupa com qualidade alimentar nem com os altos índices de sobrepeso e obesidade em crianças e adolescentes. A alimentação perde seu caráter nutricional pela funcionalidade.

Associado ao *fast-food* surge o *junk food*, uma expressão de língua inglesa traduzida como *comida lixo*. Apresenta porções bem maiores, alimentos preparados com alto índice de gorduras, açucares e sal. É também uma refeição de preparo rápido e de baixo custo, seu consumo tem como clientes os adolescentes.

As redes de lanchonetes que oferecem o *junk food* têm como prato principal no cardápio: hambúrguer, batata frita e refrigerantes em copos gigantes.

O *junk food* é associado a doenças como obesidade, doenças coronarianas, hipertensão, cárie dental e diabetes tipo 2 em jovens de todo o mundo moderno.

10. Os problemas de saúde causados pela obesidade infantil e na adolescência

10.1 NO DESENVOLVIMENTO FÍSICO

O crescimento e desenvolvimento físico e intelectual são processos dinâmicos que recebem interferência dos fatores genéticos, nutricionais, sociais e culturais do meio em que se vive. Deve-se ter atenção especial à alimentação e à nutrição, pois para as crianças as exigências nutricionais são altas.

A velocidade do crescimento na adolescência é a segunda maior na vida, sendo inferior apenas ao primeiro ano de idade; esta fase dura, em média, cerca de seis anos.

O sexo masculino desenvolve a massa muscular de maneira desproporcional, resultando em maior porcentagem de massa magra, quando comparado com meninas, que apresentam uma maior porcentagem de gordura corporal.

Figura 10.1: Crescimento físico

É a fase de metabolismo intenso para produção hormonal necessária ao desenvolvimento das características sexuais secundárias. O sono é comum à idade, por causa do metabolismo e crescimento físico intensos.

Esta é uma etapa considerada de risco justamente pela aquisição de maus hábitos alimentares: muitos não costumam tomar o café da manhã ou as refeições são substituídas por lanches de alimentos industrializados e refrigerantes.

A frequência do sobrepeso e da obesidade entre os adolescentes é preocupante, pela ingestão de altos níveis de alimentos pouco nutritivos, associados com grandes transformações psicológicas.

Nesta fase, o hormônio de crescimento – GH – estimula o crescimento celular em vários órgãos e pode contribuir para o aumento do tecido adiposo. A lipólise também é estimulada pelo hormônio do crescimento por meio do aumento dos ácidos graxos livres.

O crescimento do organismo em padrões normais é mantido pelos IGF-I e II – fatores de crescimento insulino-símile. Apresentam a ação que bloqueia a resposta do hormônio do crescimento a estímulos indiretos e diretos.

Os fatores de crescimento insulino-símile – IGF-I e IGF-II – são substâncias formada por peptídeos com semelhança estrutural à insulina, potentes ações anabólicas e mitogênicas.

O IGF-I e II

São produzidos no fígado por estímulo do hormônio do crescimento, e seus níveis são regulados pela insulina, pela idade e pelo estado nutricional. É o agente mediador de grande parte das ações do hormônio do crescimento.

A obesidade aparece com maior frequência no primeiro ano de vida, entre 5 e 6 anos e na adolescência. O ganho de peso é acompanhado por aumento de estatura e de idade óssea.

As características da face da criança obesa são o nariz e boca pequenos, queixo duplo, adiposidade mamária, abdome pendular com estrias brancas ou purpúreas.

A genitália externa no menino tem aparência de micropênis.

A puberdade é prematura e resulta em menor estatura, pelo fechamento precoce das cartilagens de crescimento.

É comum os joelhos juntos e os pés afastados – genuvalgo – e deformação do fêmur (GIULIANO; MELO, 2004).

O exesso de peso e o desenvolvimento neuropsicomotor normal, com altura acima de percentil 50 para a idade e acompanhada de idade óssea avançada identificam o diagnóstico de obesidade exógena.

A obesidade por distúrbios endócrinos é rara. É identificada quando houver retardo na altura ou na idade óssea, associado com o aumento de peso ou quando sinais específicos de endocrinopatia se fizerem presentes.

Em casos de hipotireoidismo, o ganho de peso é associado ao desenvolvimento do *mixedema*, desordem da pele e dos tecidos, causada por hipotireoidismo, devido ao acúmulo de fluido e não de tecido adiposo.

Quando o hormônio do crescimento é insuficiente, diminuem o crescimento físico e a idade óssea, sendo esta uma diferença nos casos de obesidade nos quais, em geral, a criança é grande, acima do percentil de sua estatura e mantém velocidade de crescimento normal, o que não ocorre na deficiência de GH.

Na síndrome de Cushing, a distribuição de tecido adiposo apresenta estrias vermelhas no abdome e membros, fraqueza muscular, osteoporose e equimoses. A idade óssea e o crescimento são lentos. Pode ser causada por uso excessivo de corticoides, que permite a diferenciação da obesidade exógena.

No início da puberdade, a relação cintura/quadril elevada é um índice de adiposidade visceral e poderá tornar-se um indicador do risco cardiovascular.

A incidência de fígado gorduroso entre as crianças obesas está entre 4 e 7%, em meninos, e entre 1 e 3%, em meninas em idade escolar. Quando ocorre a perda de peso, a função hepática normaliza-se na maioria dos casos.

Os problemas causados pela obesidade nas fases de crescimento da criança ou do adolescente são previsíveis. O ideal é manter o peso adequado a cada fase para preservar o crescimento e o desenvolvimento normais.

Para tratar a obesidade nessas fases, as dietas não devem ser restritivas demais, precisam manter o aporte de nutrientes sem prejuízos ao desenvolvimento físico e mental (GOMES, 2000).

10.2 OS RESPIRATÓRIOS

São várias as complicações respiratórias causadas pela obesidade, como a apneia do sono de padrão obstrutivo, a asma e a intolerância ou resistência a atividades físicas. A dificuldade respiratória limita a prática de atividade física e dificulta a perda de peso.

A síndrome de Pickwick ou síndrome obesidade-hipoventilação alveolar é classificada como um subtipo da síndrome da apneia obstrutiva do sono.

10.3 OS ORTOPÉDICOS

A obesidade na infância e na adolescência está associada a patologias como a presença de abdome proeminente e a inclinação anterior da pelve causados por escoliose.

A escoliose, que é uma deformidade no plano frontal da coluna vertebral maior que 10 graus, apresenta curvaturas peculiares identificadas de acordo com a região da coluna, como: lordose na coluna cervical; cifose na coluna torácica; lordose na coluna lombar.

A cifose torácica ainda ocasiona deslocamento anterior da cabeça, com as articulações dos joelhos (genuvalgo), coxa vara, da bacia (epifisiólise) e as osteoartrites.

> **Epifisiólise**
>
> É um deslocamento da epífise do fêmur em relação ao colo, muito comum no adolescente com obesidade. Ocasiona uma alteração mecânica na articulação que suporta o peso, podendo, mais tarde, ocasionar uma osteoartrose degenerativa no quadril.

10.4 OS DERMATOLÓGICOS

Os distúrbios dermatológicos mais frequentes que ocorrem em consequência da obesidade na infância e na adolescência são listadas a seguir.

As estrias no abdome, coxas e braços, lesões de pele, como micoses, dermatites e piodermites, particularmente em região de axilas e inguinal.

A dermatite é uma reação alérgica da pele que apresenta sintomas localizados, como coceira e vermelhidão. Pode ser atópica, seborreica, herpetiforme ou alergia de contato. As dermatites podem resultar em piodermites e podem ser classificadas pela etiologia em estafilodermias e estreptodermias.

Também há a *acantose nigricans*, que causa escurecimento da pigmentação e alterações na textura da pele, deixando-a grossa e aveludada. As manchas podem aparecer nas axilas, virilhas, pescoço, cotovelos, joelhos e dobras da pele. É um sério sinal do pré-diabetes.

10.5 OS METABÓLICOS

São vários os distúrbios metabólicos que a obesidade infantojuvenil pode apresentar. Entre os que apresentam maior gravidade estão:

10.5.1 Resistência à insulina

O índice de resistência à insulina é um sintoma para a diminuição da tolerância à glicose. Na infância, a resistência à insulina associada com a hiperinsulinemia são os fatores de risco mais graves para o desenvolvimento da diminuição da tolerância à glicose em crianças obesas.

O processo do desenvolvimento do *diabetes mellitus* durante a infância evolui de maneira mais rápida do que nos adultos.

A hiperinsulinemia é considerada um fator de risco independente para a doença cardiovascular. Anos atrás, o *diabetes mellitus* tipo 2 era uma doença encontrada no adulto, no entanto, nos últimos anos tem se verificado um aumento da prevalência em crianças e adolescentes obesos.

O *diabetes mellitus* tipo 2 tem contribuído com mais de 30% dos novos casos de diabetes em crianças e adolescentes, mostrando uma possível relação do aumento da prevalência de obesidade infantil com o desenvolvimento desta doença (ABESO, 2009).

Em condições normais de saúde, a insulina tem várias ações na regulação do metabolismo lipídico. Em crianças e adolescentes obesos, ocorrem alterações frequentes na atuação de determinadas enzimas e no metabolismo lipídico, como hipertrigliceridemia e hipercolesterolemia, pela resistência à insulina.

A obesidade e o histórico familiar apresentam um fator de risco no desenvolvimento da doença, uma vez que o impacto da obesidade no risco de *diabetes mellitus* tipo 2 é superior em crianças com história familiar positiva para esta doença.

10.5.2 Alterações trombogênicas

O acúmulo de gordura na região abdominal e a hiperinsulinemia estão associados com um perfil trombogênico e inflamatório.

As alterações metabólicas aterogênicas, trombogênicas e inflamatórias contribuem para que crianças e adolescentes com obesidade abdominal apresentem maior risco para o desenvolvimento da doença coronariana na vida futura.

Durante a fase da puberdade, existe uma diferença entre os sexos quanto à distribuição da gordura corporal, predominando a gordura androide.

Na puberdade, as crianças do sexo masculino têm a redistribuição do acúmulo de gordura das extremidades para o tronco, e nas meninas há uma tendência a ocorrer o inverso, sendo que tal diferença é causada pelos níveis de estrogênio e testosterona produzidos nesta fase.

Durante a adolescência, a gordura corporal apresenta maior depósito de gordura na região abdominal em relação às extremidades, independentemente do sexo.

O efeito da distribuição da gordura corporal sobre o perfil metabólico em crianças e adolescentes obesos está mais relacionado com alterações da síndrome metabólica do que a gordura periférica.

Os métodos mais utilizados para avaliação da gordura abdominal são a circunferência abdominal, a relação da circunferência cintura-quadril e dobras cutâneas.

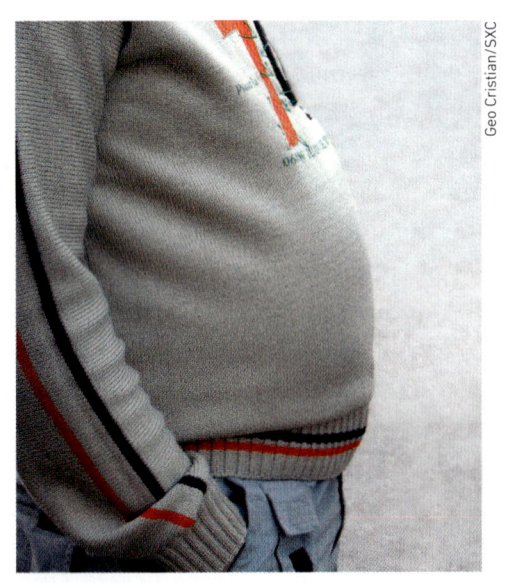

Figura 10.2: Gordura abdominal

Hiperuricemia

A resistência à insulina também eleva os níveis de ácido úrico na criança e no adolescente obeso quando comparadas com os eutróficos. Trata-se de um problema associado à hiperinsulinemia que diminui a excreção renal de ácido úrico.

Níveis de leptina

Crianças e adolescentes obesos têm níveis aumentados de leptina, que apresenta sensibilidade à insulina. Quanto menor a sensibilidade à insulina, maior o nível de leptina.

Os níveis plasmáticos de leptina apresentam diferença entre os sexos: nas meninas, aumentam progressivamente de acordo com a idade, com ganho de peso e gordura corporal, enquanto nos meninos ocorre uma diminuição progressiva.

A diferença torna-se mais evidente na fase pré-puberal e nos estágios finais de maturação sexual. As diferenças hormonais identificam que a testosterona tem uma correlação negativa com níveis de leptina, justificando tais diferenças.

10.5.3 Hipertensão

Entre 20% e 30% das crianças obesas têm pressão arterial elevada, sendo que o risco é de 2,4 vezes maior do que em eutróficos (BRASIL, 2008).

A hiperinsulinemia também tem um papel importante no desenvolvimento da hipertensão em indivíduos obesos, principalmente quando apresenta redução da sensibilidade à insulina.

Os mecanismos que conduzem a relação da hiperinsulinemia com o desenvolvimento da hipertensão são:

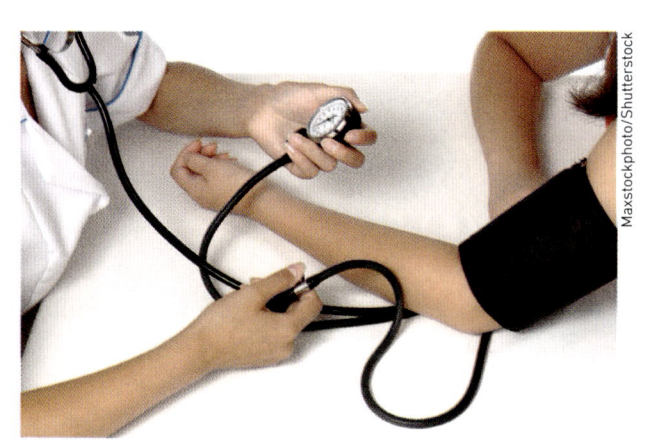

Figura 10.3: Controle da hipertensão em indivíduos obesos

- Reabsorção renal de sódio e água aumentada;
- Ativação do sistema nervoso simpático;
- Diminuição da atividade enzima Na^+-K^+-ATPase;
- Maior liberação de ácidos graxos livres na veia porta na obesidade abdominal;
- Aumento do acúmulo de cálcio celular;
- Estímulo de fatores de crescimento.

A hipertensão na infância pode desencadear alterações graves ao organismo, como o aumento do coração e seu mau funcionamento, complicações renais e nos vasos sanguíneos dos olhos, que serão agravados na idade adulta.

É fundamental um diagnóstico precoce e ações preventivas nas primeiras etapas de vida.

É necessário o esclarecimento aos educadores e, principalmente, aos familiares no que diz respeito à mudança de hábitos saudáveis para prevenção e tratamento da obesidade e suas complicações.

10.6 OS CARDIOVASCULARES

O acúmulo da gordura corporal na criança e no adolescente obeso, situado no tronco ou na região abdominal, com o excesso de gordura visceral e o aumento do colesterol sérico, são associados à ocorrência de doença degenerativa crônica, como a doença coronária.

Na infância, a aterosclerose, com o depósito de colesterol na íntima das artérias musculares, forma a estria de gordura. As estrias nas artérias coronárias de crianças progridem para lesões ateroscleróticas avançadas em poucas décadas, sendo este um processo reversível no início do seu desenvolvimento, quando o tratamento para perda de peso é efetivo e diminui o perfil lipídico e o risco de doenças cardiovasculares.

Os fatores predominantes de risco cardiovascular incluem:

- Níveis elevados de colesterol;
- Elevação da pressão arterial;
- Elevação dos níveis de insulina em jejum.

A obesidade é fator de risco para dislipidemia, promovendo aumento de colesterol, triglicerídeos e redução da HDL-Colesterol.

A determinação sistemática do perfil lipídico na infância e adolescência é somente recomendada em situações de risco, em idades entre 2 e 19 anos.

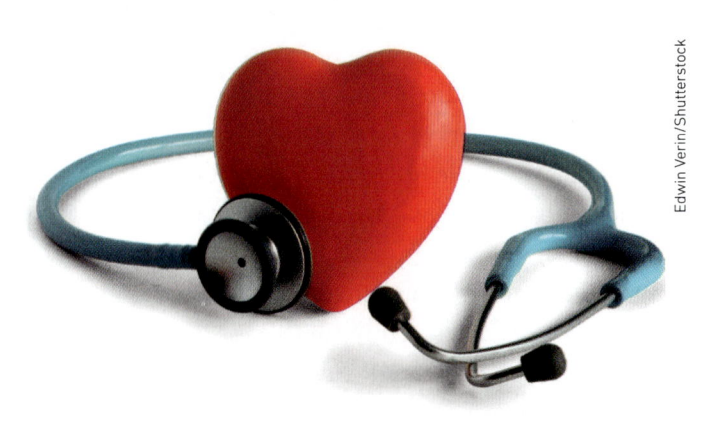

Figura 10.4: Cuidados com o coração

A perda de peso é o melhor tratamento para o coração, porque reverte a hipertrofia miocárdica reduzindo o fluxo simpático, pré-carga e pós-carga ao ventrículo esquerdo e evita os casos de doenças circulatórias e a morte súbita.

10.7 OS PSICOSSOCIAIS

Até os 2 anos, a criança gordinha é associada a saúde e beleza; somente a partir dos 3 aos 5 anos as crianças obesas passam a preocupar-se com a própria imagem, principalmente no convívio escolar, quando observam seus coleguinhas. A partir dessa idade, o sofrimento emocional pode ser doloroso ao observar que a imagem da criança magra é mais admirada que a das crianças obesas, que são consideradas preguiçosas e feias. Ao observar na mídia, na TV, os comerciais são sempre associados com crianças lindas e magras, as mais saudáveis.

Para a criança obesa, o ato de comer é tranquilizador, uma forma de amenizar a angústia e as dificuldades de seu corpo maior que de seus colegas. A frustração, assim como os sentimentos negativos, afloram com a agressividade, e a criança se distancia dos outros coleguinhas.

Os distúrbios da imagem corporal acentuam-se na puberdade e na adolescência, associados ao sentimento de censura, que persiste com a contínua desvalorização por seus colegas e pessoas com quem convive.

A imagem de seu corpo é distorcida e depreciativa, e o jovem pode desenvolver comportamento de infelicidade e baixo rendimento escolar, sentimento de culpa e intolerância.

Figura 10.5: Relacionamento social

A ansiedade é um estado emocional com componentes psicológicos e fisiológicos, pode se tornar patológica quando é desproporcional à situação que a desencadeia ou quando não existe um objeto específico ao qual se direcione.

O estado de ansiedade é conceituado como um estado emocional transitório ou condição do organismo humano que é caracterizado por sentimentos desagradáveis de tensão e apreensão, conscientemente percebidos e por aumento na atividade do sistema nervoso autônomo (COSTA, 1998).

O alto nível de ansiedade mascara as dificuldades para perder peso, as relações afetivas e emocionais, e leva ao sentimento de baixa autoestima e insegurança. É necessário o tratamento psicológico efetivo (BARLOW, 1999).

São sintomas comuns em crianças e adolescentes com sobrepeso ou obesidade:

- Ansiedade;
- Depressão;
- Rejeição social e isolamento;
- Comer muito mais quando estão com estresse emocional.

A imagem corporal decorrente do excesso de peso não deve ser ignorada e pode conduzir à baixa autoestima da criança, dificultando a abordagem terapêutica. Há necessidade de profissionais especializados e atentos para que o tratamento tenha sucesso.

11. Os custos da obesidade infantil e na adolescência para os órgãos de saúde

A obesidade é hoje um dos mais graves problemas de saúde pública do mundo, sua prevalência vem crescendo nas últimas décadas e especialistas a caracterizam como epidemia. A obesidade causa depressão e comportamentos relativos à discriminação social, que reduzem a qualidade de vida em crianças e adolescentes.

No Brasil, há aumento significativo da prevalência da obesidade infantil e na adolescência em diversas regiões dos país, principalmente associado aos fatores ambientais como o alto consumo diário de alimentos excessivamente calóricos. Cinco em cada cem crianças de até 14 anos têm peso excessivo e estão sob o risco de desenvolver patologias graves, como diabetes tipo 2, doenças cardiovasculares, hipertensão, problemas respiratórios e outras doenças.

Pesquisas recentes mostram que o excesso de peso e a obesidade têm crescido no Brasil. A proporção de pessoas com sobrepeso em 2006 era de 42,7% e, em 2011, chegou a 48,5%. No mesmo período, o percentual de obesos subiu de 11,4% para 15,8% (VIGITEL, 2011).

Os dados atuais sobre obesidade em crianças brasileiras são alarmantes, com cerca de 13% da população infantil sofrendo de obesidade e uma em cada três crianças com sobrepeso (IBGE, 2013).

As crianças e os adolescentes brasileiros entre 10 e 19 anos com excesso de peso passaram de 3,7% (1974-1975) para 21,7% (2008-2009), já entre meninas e moças, o crescimento do excesso de peso foi de 7,6% para 19,4%. (IBGE, 2008-2009).

Outros fatores também favorecem a obesidade nessas idades, como o sedentarismo e a carência de programas de educação alimentar que podem auxiliar, por meio da orientação sobre males que a obesidade causa em jovens e informação sobre a importância da alimentação saudável.

O gasto energético diário é determinado pela taxa metabólica basal (60% a 70%), pelo efeito térmico dos alimentos (10% a 12%) e pelo gasto de energia com atividade física. Atividade física é o componente variável importante que representa cerca de 20% a 30% do gasto energético total diário.

No Brasil, os custos com o tratamento da obesidade grave atingem, hoje, R$ 116 milhões. Os custos são calculados desde a internação do paciente, o atendimento de média e alta complexidade e de outras 26 doenças relacionadas, entre elas isquemias do coração, cânceres e diabetes. Dados do Ministério da Saúde revelam que o SUS gasta, anualmente, R$ 488 milhões com o tratamento das doenças associadas à obesidade (BRASIL, MINISTÉRIO DA SAÚDE, 2013).

O Ministério da Saúde, preocupado com os custos envolvidos no tratamento das doenças decorrentes da obesidade, definiu uma nova linha de atendimento e tratamento para obesidade no país.

Esta nova linha definirá os cuidados com foco na orientação nutricional balanceada em Núcleo de Apoio à Saúde da Família – NASF, incentivo à prática da atividade física em polos da Academia da Saúde, atendimento de psicólogos, apoio à mudança de hábitos e critérios rigorosos para a realização da cirurgia bariátrica, último recurso para atingir a perda de peso.

A Linha de Cuidados Prioritários também reduz de 18 para 16 anos a idade mínima para realização da cirurgia bariátrica, em casos de risco ao jovem paciente. A determinação para se submeter à cirurgia não será apenas a idade, mas a avaliação clínica, e o paciente ainda poderá ser submetido a cirurgia plástica reparadora quando indicado pela equipe médica.

As ações preventivas para evitar a obesidade divulgadas pelo Ministério da Saúde direcionadas a crianças e adolescentes, com o Programa Saúde na Escola – PSE, que está aberto nos Municípios para atender creches e pré-escolas, tiveram o investimento previsto, em 2013, de R$ 175 milhões.

Para o sucesso do programa, o Ministério da Saúde, em parceria com a Federação Nacional de Escolas Particulares, distribui Manuais das Cantinas Escolares Saudáveis para incentivar e orientar os serviços de merenda com sugestões de lanches menos calóricos e mais nutritivos.

Com as indústrias de alimentos, a legislação prevê a redução gradual do teor de sódio em 16 categorias de alimentos. A previsão é que, até 2020, estejam fora das prateleiras mais de 20 mil toneladas de sódio, com a finalidade de melhorar a qualidade da saúde da população brasileira e diminuir os custos gerados pelas doenças que acarretam o excesso de gordura, açúcar e sal nos alimentos.

Este projeto de tratamento a obesidade chama-se: *Linha de Cuidados Prioritários do Sobrepeso e da Obesidade no Sistema Único de Saúde – SUS* (BRASIL, 2013), apresentado no Anexo 1.

Figura 11.1: Custos da obesidade

A obesidade pode ser compreendida como um agravo de caráter multifatorial envolvendo desde questões biológicas até históricas, ecológicas, econômicas, sociais, culturais e políticas (Brasil 2013).

12. As orientações nutricionais na infância e na adolescência

12.1 A ALIMENTAÇÃO SAUDÁVEL E AS MODIFICAÇÕES DIETÉTICAS NA INFÂNCIA E NA ADOLESCÊNCIA

A alimentação da criança e do adolescente requer responsabilidade e sensibilidade de persuasão para convencê-los da necessidade de consumir alimentos nutritivos quando há a TV como concorrente apresentando propagandas atraentes de alimentos não recomendados para consumo diário.

Para atender aos requerimentos básicos, deve-se planejar uma alimentação adequada do ponto de vista nutricional e higiênico, que atenda às necessidades energéticas, nutricionais e sanitárias, e que agrade pelo visual, paladar, textura e sabor – é uma conquista diária.

Após o período da amamentação vem o desmame, que é considerado um processo pelo qual a criança passa pela transição entre uma dieta láctea exclusiva para uma dieta completa e diversificada. O início do desmame é quando o primeiro alimento diferente do leite é introduzido na dieta da criança e perdura até que ela receba uma variedade de alimentos suficientes para suprir suas necessidades nutricionais e dar suporte para o crescimento e desenvolvimento.

Não existe um modelo pronto para o desmame, devendo ser visto como um processo que pode variar de uma criança para outra. Este momento depende de orientações pediátricas e do nutricionista, disponibilidade da mãe ou pessoa responsável para fazê-lo, da satisfação das necessidades

Figura 12.1: Alimentação da criança

da criança, de acordo com a cultura familiar ou regional e que atenda às necessidades nutricionais da idade.

Uma dieta somente líquida após o desmame não é suficiente para suprir a necessidade energética aumentada, pois o leite materno ou de vaca não contêm quantidades suficientes de nutrientes para a idade de crescimento intenso, como ferro, vitaminas C e B12, entre outros nutrientes essenciais que devem ser fornecidos em uma dieta diversificada.

Nessa fase, são introduzidos alimentos diversificados, semissólidos, com novos sabores e texturas. Para aceitação dos primeiros alimentos, recomenda-se que depois de bem cozidos sejam passados numa peneira ou amassados com o garfo, não sendo recomendado triturá-los no liquidificador – ficam muito pastosos ou ralos. É indispensável que a criança inicie o processo de mastigação de pequenos grânulos que ficam no alimento amassado. Após a adaptação, passa-se a picar o alimento cozido (sem amassar) em pequenos pedacinhos e assim a criança vai se adaptando às novas texturas e desenvolve o processo de mastigação, que é indispensável para a dentição e a fala. Alguns alimentos podem ser oferecidos para a criança pegar com a mão, como pequenos pedaços de frutas (ALMEIDA, 2004).

Os alimentos de desmame devem ser introduzidos de acordo com as recomendações pediátricas e nutricionais. Os novos alimentos devem ser introduzidos na dieta um a um, a fim de possibilitar o reconhecimento de intolerâncias ou alergias alimentares.

Deve-se manter o controle das quantidades de açúcar, sal, gordura e temperos adicionados às preparações culinárias oferecidas a criança, que devem ser bem graduais e em quantidades mínimas.

No início, os alimentos do desmame são introduzidos gradualmente substituindo uma refeição láctea, no primeiro mês da mudança (no sexto mês de idade da criança); no mês seguinte, duas refeições e, a seguir, uma terceira refeição. No final do oitavo mês, a criança receberá uma variedade de alimentos diversificados.

Um intervalo de três a cinco dias deve ser observado para a introdução de um novo alimento, o que permitirá à criança se adaptar ao novo sabor e textura do alimento, e a mãe deve observar e avaliar sempre as reações do organismo da criança. Se ocorrerem reações desfavoráveis como exantema, flatulências ou outras reações, procurar substituí-lo e deixar aquele alimento para, quando a criança estiver com mais idade, voltar a oferecê-lo.

As quantidades dos novos alimentos devem ser pequenas, iniciando com pequenas colheradas e aumentando gradualmente até a quantidade recomendada.

Os alimentos devem ser variados, sendo que os cereais contribuem com suporte energético (preferir os cereais enriquecidos com ferro). Alimentos fonte de proteínas de origem animal com aminoácidos essenciais, como leite, carne, ovos são recomendados. A gema do ovo deve ser introduzida aos 8 meses, e a clara, aos 12, devido ao risco de causar alergias. As carnes, sempre bem cozidas, são fontes significativas de ferro heme.

Os sucos naturais fornecem água, vitaminas e sais minerais e contribuem com a variedade de sabores. Oferecer água, de preferência após a refeição e sempre que a criança solicitar ao longo do dia.

As hortaliças e frutas fornecem, além de vitaminas, minerais e água, as fibras dietéticas para o trânsito e a regulação intestinal, além de contribuírem com diferentes texturas.

Os alimentos de desmame podem ser preparados em casa, mas para mães que trabalham fora podem ser alternados com os industrializados. Todos os alimentos podem fazer parte de receitas caseiras para o desmame por meio de preparações econômicas, higiênicas e variadas.

Os cuidados higiênicos e de preservação são indispensáveis para não oferecer à criança alimentos contaminados por bactérias ou parasitas. Manter os alimentos preparados nas temperaturas adequadas, e o ideal é que as quantidades sejam mais exatas possíveis. Contudo, se o alimento for preparado para mais de uma refeição, parte dele deve ser mantido em refrigeração e aquecido na hora de servir, em banho-maria ou no micro-ondas.

Procurar, ao armazenar a refeição pronta da criança, utilizar potes exclusivos para este fim, de preferência em vidros lavados e esterilizados, com tampa.

Evitar nesse processo de desmame oferecer à criança alimentos com baixo valor nutricional (bolachas), os excessivamente fibrosos (couve-flor, aspargos) e os que têm sabores muito acentuados (pimentão, cebola). Esses alimentos serão introduzidos na dieta mais tarde, quando estiverem com mais idade (acima de 1 ou 2 anos completos).

Observar os métodos de cocção apropriados para não reduzir ou destruir o conteúdo vitamínico. Recomendam-se os cozidos no vapor, em panela de pressão, panelas tampadas, com quantidade de água suficiente apenas para cobrir o alimento.

Por exemplo: para cozinhar cenouras, batata-salsa ou inglesa, beterraba e outros vegetais ou frutas, mantê-los inteiros ou em pedaços grandes, assim como todos os vegetais compactos ou frutas, e picá-los após a cocção, pois assim mantêm os nutrientes nos alimentos sem grande perdas.

Antes da cocção, lavá-los corretamente embaixo de água corrente, esfregando com uma escovinha.

Os alimentos prontos, encontrados no comércio, específicos para crianças no desmame, podem oferecer qualidade estandardizada e são práticos, com densidade energética especificada e enriquecidos com vitaminas, como ácido fólico, vitamina C e minerais como ferro. Podem fazer parte de dietas balanceadas para a criança.

Figura 12.2: É recomendável cozinhar os alimentos para refeição das crianças

Esses alimentos são produzidos em condições higiênicas e sanitárias estritas e permanecem livres de bactérias. Resolvem os problemas de sazonalidade de certos alimentos independentemente da estação. As indústrias apresentam uma boa variedade comercial entre porções de vegetais, cereais, carnes, mistos e sobremesas com frutas. Os alimentos industrializados infantis à base de cereais oferecem melhor digestibilidade porque são hidrolisados enzimaticamente. À semelhança do que ocorre no organismo, a hidrólise enzimática controlada nos cereais transforma a maior parte do amido em moléculas mais assimiláveis, principalmente mono, di e oligossacarídeos. Os alimentos infantis com hidrólise enzimática controlada diminuem a necessidade de amilase pancreática para hidrolisar o amido e favorecem a maior tolerância digestiva, asseguram boa saciedade e apresentam uma melhor liberação de energia.

Os cuidados devem ser observados na hora da compra, pois alguns produtos têm alto conteúdo de água e baixo valor energético, ou conteúdo de sal e açúcar elevados. Em outros, o conteúdo de gorduras é excessivamente baixo, e o de proteínas, muito alto. Ler os rótulos com atenção. Na dúvida, a preparação caseira é a mais recomendada, desde que seja específica para cada criança.

Hidrólise enzimática do amido nos cereais infantis

O cereal hidrolisado enzimaticamente é obtido por um processo de degradação enzimática controlada da cadeia de amido de cereal em moléculas menores, facilitando o processo de digestão. Seu princípio fundamental reside na ação conjugada de duas enzimas selecionadas – a α-amilase e a *glucoamilase* –, que agem em duas frentes distintas sobre o amido, principal componente dos cereais.

A α-amilase rompe as cadeias longas do amido em dextrinas, fragmentando a estrutura da molécula do amido, diminuindo a viscosidade e aumentando a solubilidade do cereal. O glucoamilase rompe as ligações glicose-glicose produzindo unidades desse monossacarídeo, proporcionando ao cereal maior poder edulcorante e deixando-o levemente adocicado.

Essa hidrólise enzimática é semelhante a que ocorre naturalmente no organismo (NESTLÉ, 2007).

Entre 2 e 6 anos, a alimentação da criança deve seguir ao padrão familiar. Durante o processo de formação dos hábitos alimentares, evitar o excesso de salgadinhos, bolachas, guloseimas e refrigerantes durante e fora dos horários das refeições.

À medida que a criança cresce, as mudanças alimentares vão ocorrendo com a introdução de novos alimentos e novas preparações culinárias. Com a rotina escolar, a influência não é só familiar e devem-se observar os cardápios servidos na creche, escola infantil e cantinas escolares para assegurar-se de que os nutrientes indispensáveis estarão presentes em refeições e lanches.

Nessa fase de crescimento, as necessidades nutricionais são elevadas por causa das atividades escolares e físicas.

Quando se aproximam da puberdade, é comum o aumento de peso – período de repleção pré-puberal que precede ao estirão da adolescência – fase de crescimento intenso.

As necessidades energéticas e nutricionais do adolescente são altas, o apetite é voraz. Há necessidade de satisfazê-lo com alimentos saudáveis e nutritivos para que recebam todo aporte necessário para um crescimento satisfatório.

O caráter nutricional da alimentação durante todas as fases de crescimento da criança até a adolescência deve assegurar que os cardápios sejam balanceados e calculados dentro das recomendações diárias preconizadas pela OMS – Organização Mundial da Saúde.

Os cardápios devem apresentar variedade de alimentos e combinação entre eles. Manter uma alimentação saudável desde a infância auxilia na formação dos bons hábitos alimentares para toda vida.

As mudanças comportamentais devem ser direcionadas à toda a família. Elaborar cardápios semanais e organizar a lista de compras para o número de refeições programadas antes de ir ao mercado. Variar os alimentos de acordo com as estações do ano, a forma de preparo culinário, evitar a frequência de alimentos

Figura 12.3: Alimentação balanceada

fritos – o modo de preparo de fritura deve ser esporádico para evitar o consumo de alimentos excessivamente gordurosos. Preferir os produtos da época, que são comercializados a preços mais baixos pela alta da produção agrícola, principalmente os hortifrutigranjeiros. Manter os procedimentos higiênicos e sanitários durante o armazenamento, o preparo, até o momento de servir o alimento, como forma de evitar as contaminações alimentares que são comuns quando não há segurança nos processos de educação alimentar. Procurar proporcionar um ambiente agradável nos horários das refeições à mesa.

Não permitir que as crianças levem na lancheira escolar refrigerantes, salgadinhos e guloseimas, mas priorizar os lanches saudáveis com frutas, sanduíches com queijo e hortaliças, por exemplo.

Para a criança que lancha na escola, observar a estrutura escolar para verificar o fornecimento de uma refeição saudável de acordo com as determinações do MEC (BRASIL, 2010).

12.2 AS MODIFICAÇÕES DIETÉTICAS NA INFÂNCIA E NA ADOLESCÊNCIA

O padrão alimentar de crianças e adolescentes brasileiros tem apresentado muitas mudanças influenciados pela mídia e, consequentemente, maior consumo de alimentos industrializados, em substituição às tradicionais refeições caseiras e familiares.

As transformações provocadas pelo estilo de vida moderno e os alimentos práticos levam ao consumo excessivo de produtos gordurosos, açúcares, guloseimas, refrigerantes e outras bebidas açucaradas. A ingestão de cereais e produtos integrais, hortaliças, frutas e laticínios diminuiu acentuadamente e, como consequência, houve o aumento de peso e obesidade nessas idades.

Crianças e adolescentes preferem o consumo de produtos práticos e industrializados em substituição a refeições completas e nutritivas.

É necessário que os processos de educação alimentar iniciem desde o desmame e assim continuem por todos os períodos do desenvolvimento até a vida adulta para assegurar uma vida saudável. As necessidades de energia e nutrientes são estabelecidas pela OMS para assegurar as quantidades ideais.

Os nutrientes como os carboidratos, gorduras e proteínas são necessários ao organismo em maiores quantidades, e cada um deles exerce função específica ao organismo e o equilíbrio alimentar depende da proporção racional entre eles. Deve haver o equilíbrio desses nutrientes com vitaminas, sais minerais e água para que a alimentação mantenha equilíbrio nutricional.

Figura 12.4: Grupos de alimentos

Os carboidratos são considerados a fonte primária de energia para o organismo e devem fazer parte dos cardápios diários em todas as refeições. Os lipídios são compostos heterogêneos de substâncias insolúveis em H_2O e solúveis em solventes orgânicos que apresentam várias funções específicas (relatadas no Capítulo 1).

As proteínas são compostos orgânicos de estrutura complexa e massa molecular elevada. Parte delas deve estar presente nos alimentos proteicos de origem animal e vegetal, e parte é sintetizada na condensação de um número grande de moléculas de aminoácidos, por meio de ligações denominadas ligações peptídicas.

As proteínas são construtoras e energéticas, indispensáveis para o desenvolvimento do organismo nas fases do crescimento. O nitrogênio contido em sua composição molecular deve ser fornecido em quantidade adequada à síntese proteica requerida para um crescimento normal e para renovação e o reparo dos tecidos.

Quando o consumo dos nutrientes energéticos fica abaixo dos requerimentos orgânicos, há risco potencial de desenvolvimento de doenças crônicas.

As recomendações diárias de proteínas variam de 1,10 a 0,85 g/dia, tendo como critério para seu estabelecimento o equilíbrio de nitrogênio e proteico (OMS, 2000).

Para os carboidratos, estabeleceu-se a RDA de 130 g/dia, considerando-se a quantidade mínima necessária para fornecer glicose para as funções

Figura 12.5: Alimentos fontes de carboidratos

cerebrais. As novas recomendações esclarecem que as quantidades de açúcares simples (do açucareiro, de refrigerantes, doces e guloseimas) devem manter-se em 10% do total calórico dos carboidratos, não devem exceder o total das calorias determinadas para os carboidratos complexos.

Para os lipídios, a ingestão adequada de ácido linoleico varia entre 10 e 17 g/dia, e a de alfa-linolênico, de 0,9 a 1,6 g/dia para crianças de 3 a 8 anos. Não foram definidas DRIs para os demais lipídios que compõem as refeições.

As RDAs de proteínas variam de 1,10 a 0,85 g/dia, tendo como critério para seu estabelecimento o equilíbrio de nitrogênio e proteico (KRAUSE, 2004).

As recomendações de fibras totais é de 12 g de fibra total/1.000 kcal, resultando em quantidades que variam de 19 a 25 g/dia para crianças de 1 ano a 8 anos, respectivamente. Acima dessa faixa etária, consideram-se as mesmas quantidades necessárias à idade adulta, 25 a 31 g/dia (OMS, 2000).

Recomendação de nutrientes energéticos para crianças e adolescentes		
Idade	Até os 3 anos	De 4 a 18 anos
Carboidratos	45%-65%	45%-65%
Proteínas	5%-20%	10%-30%
Lipídios	30%-40%	25%-35%
Fonte: OMS, 2002.		

DRIs: recomendação do consumo de nutrientes energéticos para crianças						
	Carboidrato grama/dia	Fibra g/d	Lipídios g/d	Ácido linoleico g/d	Ácido linolênico g/d	Proteína grama/dia
Bebês/idade						
0 a 6 meses	60	ND	31	4,4	0,5	9,1
7 a 12 meses	95	ND	30	4,6	0,5	13,5
Crianças/idade						
1 a 3 anos	130	19	ND	7	0,7	13
4 a 8 anos	130	25	ND	10	0,9	19
Fonte: OMS, 2002						
Obs.: Cálculo de proteína = 0,8g de p/kg/peso corporal para peso referência.						

A recomendação de ingestão de carboidrato para os adolescente é de 55 a 60% da energia total da dieta, dando-se preferência aos carboidratos complexos, que são as principais fontes de energia para os adolescentes, considerando-se, inclusive, as fibras. Outra forma de cálculo para recomendação é idade + 5 gramas. É comum os adolescentes sofrerem de constipação intestinal quando priorizam na alimentação os carboidratos refinados e muito açúcar.

As fibras diminuem a absorção das gorduras, produzem os ácidos graxos de cadeia curta que combatem o mau colesterol, promovem o trânsito intestinal por aumento do peristaltismo e fornecem saciedade por mais tempo. São funções essenciais para prevenir doenças causadas pela obesidade.

Priorizar na dieta os carboidratos integrais como os grãos e farinhas integrais e seus subprodutos, e incluir variedade de hortaliças, legumes e frutas diariamente em várias preparações culinárias.

A recomendação para o consumo de lipídios determina que a alimentação diária deve fornecer 30% das calorias da dieta, para as duas primeiras décadas de vida, ou seja, até os 20 anos de idade. E menor quantidade se o histórico familiar apresentar suscetibilidade à arteriosclerose, hipertensão, diabetes ou outros fatores.

De acordo com o IBGE, os adolescentes com idade entre 14 e 18 anos fazem parte do grupo que mais consome colesterol diariamente. A média de consumo entre os meninos foi de 282,1 mg por dia e, entre as meninas

Figura 12.6: Alimentos saudáveis

da mesma idade, foi de 237,9 mg. São consideradas as maiores médias das análises anteriores. As quantidades recomendadas são de 200 mg/dia, e seu máximo é de 300 mg (IBGE, 2012).

Como relatado no Capítulo 1, o colesterol desempenha funções orgânicas essenciais, como síntese de hormônios e da vitamina D, mas seu excesso aumenta o risco de sobrepeso e obesidade, assim como desenvolve doenças cardiovasculares. No sangue do organismo encontramos dois tipos de colesterol: o LDL – o mau colesterol – e o HDL – o bom colesterol.

O alto consumo de alimentos ricos em colesterol não traz problemas imediatos para as crianças e adolescentes quando não são sedentários, mas

Figura 12.7: Alimentos fontes de gorduras

atualmente, com grande grupo de crianças e adolescentes que não praticam nenhum tipo de atividade, ele manifesta-se em presença do sobrepeso e de obesidade, e aumenta o risco de doenças cardíacas e até de infarto na infância ou na fase adulta, entre 25 e 30 anos de idade. A recomendação atual é observar e controlar o nível de colesterol a partir dos 10 anos. As taxas elevadas são identificadas em exames de sangue.

Recomendações para o consumo de gordura e colesterol para adolescentes	
Tipo de gorduras	Quantidades no VET
Ácidos graxos saturados	Menos de 10%
Ácidos graxos poli-insaturados	7%
Ácidos graxos monoinsaturados	10 a 15%
Colesterol	200 a 300 mg
Gordura total	30% do VET
Fonte: IBGE, 2012	

As necessidades de vitaminas e de minerais são aumentadas na adolescência. As vitaminas hidrossolúveis, como a tiamina, a riboflavina e a niacina são recomendadas em grandes quantidades para atingir as altas necessidades de energia recomendadas no VET diário. O ácido fólico que atua na síntese de DNA é importante na formação celular.

A vitamina C é essencial na síntese do colágeno, é agente redutor em várias reações de hidroxilação, tem função na formação dos dentes e na integridade dos capilares (ver Anexo 7 – vitaminas).

As vitaminas lipossolúveis têm a sua importância na alimentação diária por suas variadas funções. É fundamental a presença de todas as vitaminas na alimentação diária, entre elas a vitamina D. Ela está envolvida na manutenção da homeostase de cálcio e fósforo, na mineralização do osso, sendo essencialmente necessária para crescimento esquelético e dentário. A vitamina A é importante para o crescimento, formação de todo epitélio e antioxidação. Associada às vitamina E e C, também tem ação na maturação sexual.

Com relação aos sais minerais, os adolescentes necessitam do dobro da quantidade de cálcio, ferro, zinco e magnésio em seus organismos durante os anos de estirão de crescimento, em comparação a outras fases da vida.

As necessidades de cálcio na adolescência são baseadas no crescimento esquelético, do qual 45% do crescimento corporal ocorre durante esse período, bem como o desenvolvimento muscular e endócrino.

A necessidade de ferro é alta para os adolescentes.

Nos meninos, para auxiliar a construção da massa muscular, que necessita de maior volume sanguíneo e para as enzimas participantes dos processos respiratórios.

Nas meninas, o ferro é perdido mensalmente com o início da menstruação e também para as mesmas funções que ocorrem no organismo dos meninos.

O zinco é um elemento essencial para o crescimento e a maturação do adolescente; a carência de zinco na alimentação é identificada com retardo do crescimento, hipogonadismo, diminuição da acuidade gustativa e queda de cabelos. É necessário avaliar e considerar a presença de todos os sais minerais na dieta para que o crescimento e desenvolvimento não sofram carências (ver Anexo 7 – Sais Minerais)

O hábito saudável de ingerir água no lugar de refrigerantes e sucos adoçados auxilia a aumentar o gasto energético do organismo em repouso e o controle do peso corporal em crianças e adolescentes, como ocorre com os adultos.

A ingestão de água é fundamental para a manutenção de um bom estado de saúde, auxiliar na saciedade e na prevenção de diversas doenças. O baixo consumo de água está relacionado com o sobrepeso e a obesidade.

Os mecanismos identificados para o benefício são:

- O processo de termogênese ocasionado pelo consumo de água eleva o gasto energético em repouso (GER);
- Além de hidratar, o consumo diário de água entre as refeições e nos momentos de sede diminui a sensação de ansiedade e da fome;
- A termogênese induzida pela água auxilia a perda de peso.

Durante a puberdade até a adolescência ocorrem intensas mudanças corporais, como a atividade anabólica, o aumento dos índices antropométricos, aumento da massa muscular, o desenvolvimento de órgãos e sistemas, distribuição da gordura corporal. Nos meninos, o aumento da massa muscular é maior que nas meninas, enquanto elas desenvolvem maior tecido adiposo.

Com as mudanças fisiológicas ocorrem alterações no comportamento alimentar, aumento da fome e da necessidade de maior ingestão de nutrientes para fornecer o aporte necessário as mudanças continuas e intensas. Com a mudança no comportamento alimentar de forma desordenada, ocorre o aumento a prevalência de sobrepeso e obesidade cada vez mais precoce.

Adolescentes têm por hábito omitir refeições, como o desjejum, principalmente. Ao sentir fome durante o período da manhã, costumam consumir alimentos não recomendados, geralmente de alto conteúdo energético, como gordura saturada, colesterol, açúcar e sal, que são produtos que contribuem para o desenvolvimento da obesidade.

A recomendação para o uso de suplementos só deve ser indicada, por profissionais, em casos de:

- Aceitação limitada de alimentos;
- Alergias alimentares;
- Doenças crônicas;
- Adolescentes grávidas.

É importante que as mudanças de comportamento alimentar sejam propostas para crianças e adolescentes para evitar o sobrepeso e obesidade. Devem ser estruturadas adequadamente desde o desmame, por toda a infância até a adolescência, para evitar distúrbios alimentares na vida adulta, pois, quando obesos apresentam dificuldade de reduzirem o peso corporal. Proporcionar um ambiente agradável para o horário das refeições.

12.3 CUIDADOS COM AS DIETAS DA MODA PARA O ADOLESCENTE

As dietas da moda anunciadas em revistas, sites e até em propagandas na televisão devem ser evitadas por crianças e adolescentes, pois são extremamente prejudicais ao organismo em crescimento. São dietas restritivas e até perigosas.

Algumas dietas são ricas em alimentos proteicos e gordura, e podem ocasionar doenças cardiovasculares.

Os padrões da moda interferem diretamente na alimentação por meio da constante propaganda de novos produtos que são anunciados a todo o momento, alimentos com variados níveis energéticos e calóricos, práticos e atraentes. Alguns com promessa de alcançar o padrão de beleza da anunciante, geralmente jovem, bela e magra influenciam diretamente os jovens adolescentes com sobrepeso ou obesos na aquisição de determinadas marcas que não asseguram qualidade nutricional.

Para o organismo emagrecer de forma saudável e com equilíbrio, a alimentação deve ser equilibrada com todos os nutrientes indispensáveis ao organismo em crescimento.

As dietas da moda tendem a modificar o metabolismo e otimizar a oxidação lipídica rapidamente. Para uma dieta saudável, a perda ponderal deve ser decorrente da restrição energética, mas mantendo o equilíbrio dos macro e micronutrientes.

Os danos cardiovasculares decorrentes dessas dietas incluem desde a modificação dos lipídios séricos a prejuízos em marcadores específicos das doenças cardiovasculares e o aumento da fração LDL do colesterol.

Outros aspectos pelos quais essas dietas podem levar a efeitos cardiovasculares adversos dizem respeito ao *metilglioxal*, um produto de glicação com numerosos efeitos citotóxicos e reconhecido por sua capacidade de causar danos aos vasos sanguíneos e tecidos.

Os precursores de metilglioxal são formados durante a cetose, e o aumento significativo dessa substância foi observado em indivíduos saudáveis com uma dieta pobre em carboidratos. As arritmias cardíacas também têm sido relatadas em praticantes de tais dietas.

As dietas da moda conduzem à visão errada relacionada com o alimento e o peso, muitos adeptos perdem o controle com a alimentação e, como consequência, as funções internas da sensação de fome, apetite e da saciedade tornam-se alteradas. Frequentemente apresentam sintomas de irritabilidade, perda de memória, letargia, insônia, mau humor, depressão ou descontrole e compulsão, conduzindo a transtornos alimentares como anorexia e bulimia.

As dietas da moda não apresentam nenhum sentido educativo para um processo de reeducação alimentar, são limitadas e resultam em sérias complicações com a saúde.

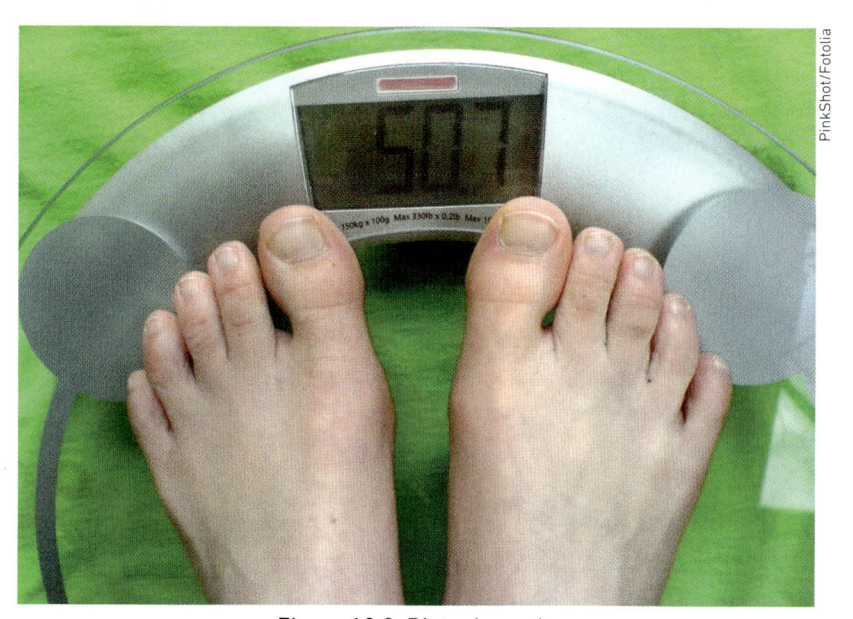

Figura 12.8: Dieta da moda

Para o adolescente, principalmente as meninas com sobrepeso ou obesidade, a pressão social para o ideal da magreza apresentado em comerciais e revistas da moda contribui para o crescimento e popularização dessas dietas.

A história antropológica do homem o descreve como um ser que se alimentava até se fartar porque não sabia quando encontraria novamente o alimento, mas ao mesmo tempo em que se alimentava percorria grandes extensões atrás de novos alimentos, ou seja, o equilíbrio entre alimentação e atividade física predispunham o homem ao peso ideal.

As crianças e os adolescentes são cercados de alimentos práticos de consumo imediato e não praticam nenhum tipo de atividade física, o que resulta em sobrepeso e obesidade. O aumento de peso ocorre de forma gradual ao longo do tempo e da mesma forma ocorre a perda de peso.

As dietas preconizadas como dietas da moda são monótonas, repetitivas, sem equilíbrio nutricional, nada sedutoras e nada saudáveis.

As perdas de peso, quando ocorrem, são irrisórias e, ao retornar à dieta habitual, o organismo recupera todo o peso perdido, além do risco de contrair algum tipo de doença.

O ideal para que ocorra a perda de peso de forma segura e eficiente sempre será a aplicação dos processos de reeducação alimentar associada à atividade física.

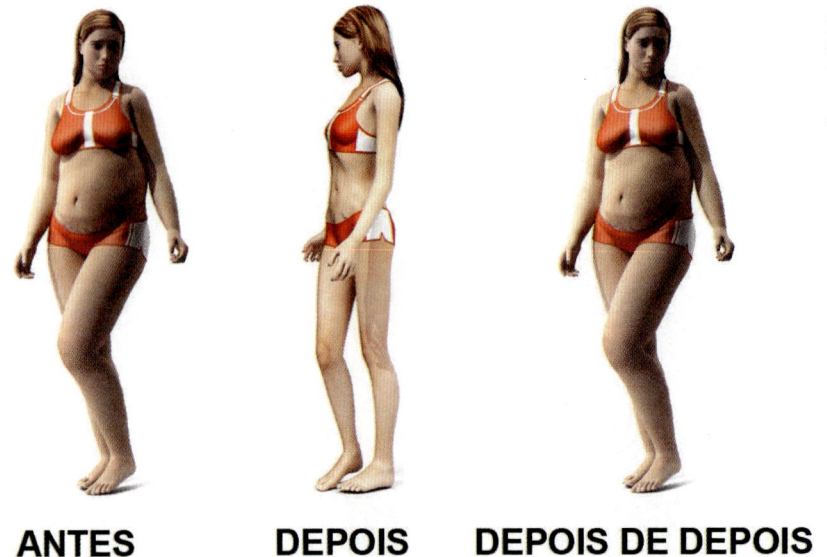

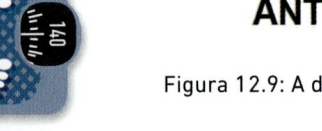

ANTES   DEPOIS   DEPOIS DE DEPOIS

Figura 12.9: A dieta da moda geralmente faz o organismo recuperar todo o peso perdido

12.4 A ACEITAÇÃO DOS PROCESSOS DE EDUCAÇÃO ALIMENTAR E COMPORTAMENTAIS

Mudanças comportamentais para crianças e adolescentes obesos não é tarefa fácil porque é uma patologia de contexto complexo.

O caminho para o tratamento eficaz envolve motivação, conquista e capacidade de convencimento efetivo, controle psicossocial, processos de educação alimentar integrados de forma descontraída e interdisciplinar.

O aumento da prevalência da obesidade apresenta-se como uma das maiores preocupações e um grande desafio para os profissionais da área de saúde e o governo.

As altas taxas de insucesso no tratamento mostram que as estratégias não apresentam padrões de convencimento, as respostas ao tratamento não são eficazes, e os resultados terapêuticos, nada animadores.

O tratamento individualizado deve propor mudanças no hábito de vida da criança e da família, estratégia psicossocial, enfoque multiprofissional para que os resultados sejam capazes de superar traumas e sofrimentos.

Promover a perda de peso em pacientes nessas faixas etárias é tarefa de grande complexidade e grande desafio tanto para crianças ou adolescentes

Figura 12.10: Desafios da motivação

obesos como para os familiares e profissionais envolvidos. Para tratar crianças, é preciso convencer e até tratar os pais.

Os resultados, para que ocorra a redução de peso, devem ser inseridos em um contexto de mudança de estilo de vida e hábitos alimentares familiares e apresentação de resultados, mesmo que pequenos, para que o paciente não perca o estímulo para continuar o tratamento. Tarefa nada fácil.

Fora do consultório, o paciente fica por sua conta e risco e depende do apoio da família e demais pessoas com quem convive.

Quando o tratamento é interdisciplinar, o alcance é maior e os resultados são otimizados com maior frequência. O tratamento é longo e requer motivação e paciência tanto dos profissionais como da família e do próprio paciente.

É necessário que o paciente reconheça as mudanças e aceite as regras estabelecidas e as novas orientações alimentares. Sempre reconhecer as mudanças incorporadas, mesmo que mínimas, e a partir dos resultados obtidos, estabelecer novas metas. O replanejar é uma necessidade frequente.

A determinação do peso ideal deve ser construída ao longo do tratamento para não gerar ansiedade, estresse e decepções. As expectativas com relação ao peso não devem ser tratadas como prioridade, mas estimular as mudanças de comportamento alimentar e a atividade física, de modo que os resultados esperados para a perda de peso corporal se farão presentes ao longo do tratamento.

O envolvimento familiar deve ser de comprometimento, afinal uma criança ou um adolescente não terão sucesso no tratamento se a família não se envolver.

O papel da mãe é primordial na hora de ouvir as recomendações nutricionais, na hora da seleção e compra dos novos alimentos, na elaboração das receitas, no incentivo para que haja motivação na aceitação das mudanças.

O responsável pela elaboração da dieta necessita demonstrar ao paciente as novas alternativas alimentares para que nos momentos em que as emoções se manifestem, como ansiedade, raiva, tristeza, ele receba amparo.

Mesmo que os resultados esperados para a perda de peso demorem a aparecer, devem ser destacados os níveis de bem-estar físico quando comparados ao modelo alimentar anterior.

Durante o processo de educação nutricional, as orientações de consumo e preparo culinário dos novos alimentos devem ser direcionadas para a escolha do produto de forma responsável, e não com proibições exageradas, nem classificando os alimentos como *permitidos* ou *proibidos*.

O tratamento para emagrecer sempre apresenta restrições alimentares, e as proibições de alimentos que proporcionam prazer ao paciente são o desafio do tratamento. Para que não ocorram alterações nos fatores emocionais, há necessidade de esclarecimento, motivação e compreensão da família para que ocorram mudanças no comportamento alimentar sem que o paciente tenha episódios de compulsão alimentar.

O apoio familiar e social é indispensável; esse é um processo que estabelece bem-estar na construção de fatores saudáveis e positivos. Os familiares influenciam a necessidade de mudanças alimentares e de comportamento, eles representam a fonte de apoio. Da mesma forma, quando a família aceita e aprova o tratamento, incentivando e acompanhando a dieta, os resultados apresentam-se positivos ao paciente.

12.5 AS REFEIÇÕES COM RESTRIÇÃO DE ALIMENTOS EXCESSIVAMENTE CALÓRICOS PARA A MANUTENÇÃO DO PESO REDUZIDO

No tratamento da obesidade, só é possível controlar os episódios de compulsão alimentar na medida em que o caráter emocional é estabilizado e os alimentos da dieta se tornem atraentes.

Ao determinar as orientações nutricionais, devem-se respeitar as características individuais do paciente, suas limitações e adequá-las à sua realidade.

As responsabilidades do tratamento devem ser divididas e compartilhadas, cada profissional assume sua parte: o médico identifica a doença, o endócrino avalia as condições metabólicas e hormonais, o psicólogo avalia os fatores psicológicos, o orientador ou professor de educação física orienta as atividades físicas e o nutricionista avalia, determina e orienta as dietas e a sua execução.

As dietas para o tratamento da obesidade na infância e na adolescência devem estar de acordo com a realidade de cada paciente, ser baseadas na orientação de uma alimentação normal, sem restrições intensas por serem períodos de crescimento, com escolhas conscientes, que incluam todos os alimentos, priorizando as preferências alimentares do paciente e da família, com a inclusão de novos alimentos e diversas formas de preparo culinário que mantenham as necessidades calóricas e nutricionais do tratamento.

O sucesso do tratamento deve manter a elevação da autoestima, estímulo à força de vontade e à motivação do paciente a fim de que o paciente mantenha uma boa relação consigo mesmo, aumentando assim a confiança, compreensão e paciência para alcançar suas metas.

As estratégias são traçadas com metas nas mudanças moderadas, nada proibitivas, mas sempre esclarecedoras.

Basear-se na escolha dos alimentos com a criança e o adolescente e, se possível, com a participação dele na forma de preparo. Ele será o principal agente da mudança dos seus hábitos alimentares juntamente com a própria família. Quando todos aceitam as mudanças e priorizam o consumo de alimentos saudáveis, habituam-se a elaborar e consumir receitas atraentes ao olhar e ao paladar, e as mudanças ocorrem gradativamente.

Algumas técnicas comportamentais podem ser utilizadas, como:

- Registro dos alimentos consumidos;
- Manter o número de refeições recomendadas;
- Não ficar com fome entre as refeições e, se a fome aparecer, escolher alimentos saudáveis como uma fruta ou um sanduíche natural;
- Não beber refrigerante durante a semana, mesmo estando fora de casa;
- Levar um lanche equilibrado e nutritivo de casa para a escola;
- Beber água quando estiver com sede.

Excluir as frituras da forma de preparo culinário

Os alimentos fritos recebem um grande adicional calórico pela quantidade de óleo que é absorvido pelo alimento durante esse processo culinário. Em muitos alimentos, o acréscimo calórico é acima de 30% do total das calorias. Quanto mais tempo o alimento demora imerso no óleo nesse método culinário, mais gordura ele absorve. Com aquecimento do óleo ocorre a degradação e a produção de substâncias tóxicas, como a acroleína.

Figura 12.11: Educação alimentar

A ingestão calórica pode ser diminuída mediante a redução criteriosa na quantidade de alimentos que são fontes de gorduras, como: manteiga, cremes, molhos de salada, *bacon*, toucinho, carnes gordas, queijos amarelos gordos, embutidos, alimentos fritos, entre outros. As quantidades de gordura na dieta não devem exceder os 30% das calorias diárias.

Reduzir os alimentos e preparações culinárias com carboidratos refinados como: bolos e tortas, pastéis, massas folhadas, doces em pasta e outros. Ainda, reduzir bebidas açucaradas, alcoólicas e refrigerantes.

É essencial que os alimentos da dieta sejam selecionados com padrão rigoroso diferente do padrão alimentar anterior para que ocorram mudanças na ingestão calórica sem conflitos com o paladar.

Não omitir nenhuma refeição numa dieta de reeducação alimentar, porque poderá ocorrer um apetite voraz que se excederá na refeição seguinte. Sempre deixar um alimento saudável para a hora da fome, por exemplo, uma fruta.

Uma dieta hipocalórica balanceada é calculada de acordo com as características metabólicas da criança ou adolescente sem grandes restrições nutricionais, com recomendações específicas que atendam a todos os requerimentos para manter o crescimento e desenvolvimento dessas fases.

12.6 A ATIVIDADE FÍSICA COMO FORMA DE PERDER PESO E OS SEUS BENEFÍCIOS

A atividade física planejada melhora a condição física e é essencial e eficaz quando concomitante com tratamento dietético da perda de peso. É um processo de conquista para que crianças e adolescentes sedentários aceitem como parte do tratamento. Deve estar de acordo com as capacidades individuais de cada criança e ter completa aceitação para o sucesso.

Não há necessidade de iniciar com atividade de grande intensidade, mas atividades simples como caminhadas, jogos, andar de bicicleta, natação, corrida em praças ou parques e outras atividades aeróbicas iniciadas com 15 minutos ao dia e, na medida do possível, ir aumentado gradualmente o tempo e a intensidade são de grande auxílio junto com a dieta.

As atividades devem ser adaptadas às condições físicas e ao ritmo cardíaco, e auxiliadas com técnicas para modificação corporal.

Os exercícios físicos, quando bem orientados, preservam o tecido muscular – a massa magra – e auxiliam a aumentar a taxa metabólica para auxiliar na perda de peso.

Figura 12.12: Atividade física

Acrescentar à atividade exercícios respiratórios e posturais preventivos e de manutenção, adequados ao momento de crescimento, atividades de força e resistência, de coordenação motora geral e específica.

Não são recomendadas atividades de alto impacto que podem resultar em lesões por sobrecarga nas articulações e atividades em situações de desconforto como excesso de calor, de frio, roupas e calçados inadequados à atividade.

Os programas para sucesso da atividade devem manter uma frequência semanal entre 3 e 5 vezes com duração inicial de 15 minutos e aumentando até 60 minutos, por um período de 12 semanas, que pode ser prorrogado.

As metas a serem atingidas devem ser flexíveis, de acordo a capacidade de cada criança ou adolescente, sendo que as atividades de baixa intensidade e longa duração e as atividades aeróbicas combinadas com as de resistência são as mais efetivas para que ocorra diminuição do percentual de gordura corporal e aumento da massa magra. As atividades devem ser combinadas de acordo com as mudanças do comportamento, dos processos de educação alimentar e manter o paciente motivado.

12.7 O TRATAMENTO E A MANUTENÇÃO DO PESO REDUZIDO

O tratamento dietético para perda de peso para crianças e adolescentes é bem-sucedido quando está aliado a uma prática de atividade física que exigirá um aumento no gasto energético e a um programa de modificação comportamental e alimentar.

Figura 12.13: Comportamento alimentar

A dieta deve manter alterações adaptadas à idade do paciente e um balanço energético negativo.

As dietas restritivas ou excessivamente rígidas não são aceitas nessas fases de crescimento e apresentam difícil controle. As dietas devem ser flexíveis e ajustadas à fisiologia do paciente e manter o padrão de educação alimentar para que haja aceitação.

O controle de perda de peso, a seleção de alimentos e as formas de preparo indicadas na composição das refeições, além da atividade física, todos esses fatores juntos, é que determinara o sucesso do tratamento, que será a longo prazo.

No planejamento da prescrição da dieta, devem ser considerados as preferências alimentares, o aspecto financeiro e o estilo de vida da família a fim de traçar as necessidade calóricas, os requerimentos nutricionais de macro e de micronutrientes.

As recomendações para o tratamento da obesidade em crianças e adolescentes devem seguir a avaliação e condutas direcionadas às obesidades comum ou exógena, pois se observa um comportamento epidêmico.

Para o tratamento de crianças e adolescentes, a classificação de sobrepeso e obesidade, segundo o IMC, é mais arbitrária; não se deve relacionar com a obesidade do adulto, o IMC está associado à adiposidade.

As variações de peso e corpulência são relacionadas com variações do crescimento, do sexo e da idade.

O limite considerado de normalidade é estabelecido por curvas de percentil do índice de massa corpórea, atualizadas em 2000, por classificação que também inclui curvas de peso para idade e de estatura para idade da população norte-americana (OMS, 2000).

A condição de sobrepeso para um índice situado na curva de percentil de índice de massa corpórea entre os valores de 85 a 95% para faixa etária, e a classificação de obesidade corresponde ao valor acima de 95% (OMS, 2000).

A distribuição da gordura corporal em crianças e adolescentes atende à influência das características genéticas.

A medida da circunferência abdominal é o melhor parâmetro para diagnosticar obesidade central e para relacionar-se com risco metabólico.

As crianças obesas que apresentam correlação positiva para gordura abdominal são expostas a alterações metabólicas do tipo hipercolesterolemia, hipertrigliceridemia, hiperglicemia e hiperinsulinemia.

Para os adultos, o ponto de corte para medida de circunferência abdominal está definido e é válido como indicador de risco metabólico, mas para crianças e adolescentes não há definição de valores específicos, são poucas as referências que sugerem um ponto de corte (ABESO, 2009).

Crianças com percentual de gordura superior a 33% e circunferência abdominal superior a 71 cm são mais predispostas a risco cardiovascular. Quando apresentam menos de 20% de gordura e menos de 61 cm de circunferência abdominal, o risco é mínimo (ABESO, 2009).

A medida do peso corporal é o principal e mais simples indicador de diminuição da adiposidade. Em crianças e adolescentes, considera-se a *perda de peso relativa*.

Perda de peso relativa

É o potencial de crescimento de crianças e adolescentes que obriga a avaliar o emagrecimento dessa faixa etária por meio da perda de peso relativo, considerando-se o aumento da altura e a variação do peso.

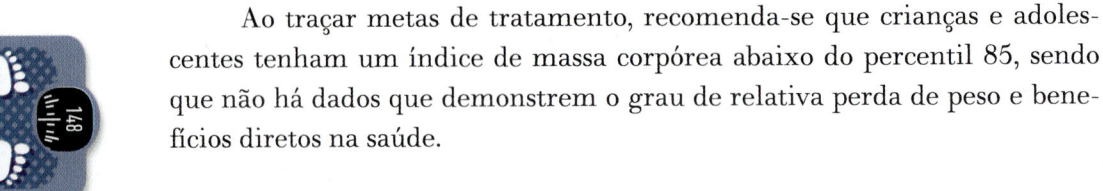

Ao traçar metas de tratamento, recomenda-se que crianças e adolescentes tenham um índice de massa corpórea abaixo do percentil 85, sendo que não há dados que demonstrem o grau de relativa perda de peso e benefícios diretos na saúde.

Os fatores de risco que ocorrem no desenvolvimento da criança podem ser associados, com frequência, à obesidade dos pais, sedentarismo, peso ao nascer, aleitamento materno ou outros fatores relacionados ao crescimento.

A relação de associação entre a obesidade da criança e o índice de massa corpórea dos pais parece ser significativa a partir dos 3 anos e pode permanecer até a idade adulta.

Quanto à obesidade da mãe, que poderá ser de antes da ou durante a gestação, correlaciona-se ao índice de massa corpórea do filho, na idade de 5 a 20 anos. O sobrepeso ao nascer parece ser um prognóstico de risco para obesidade no crescimento ou no adulto. Já o baixo peso apresenta relação positiva com doenças crônicas e cardiovasculares no adulto, mesmo com massa corpórea normal.

O sedentarismo, quando relacionado com o número de horas inativo, assistindo TV, no computador ou jogos eletrônicos também é considerado significativo para fator de risco.

A precocidade do aumento do peso e da adiposidade apresenta-se como prognóstico de risco da obesidade na infância.

A análise da curva do índice de massa corpórea em função da idade demonstrou que este aumenta aproximadamente 5 kg/m² durante o primeiro ano de vida e, depois, diminui a partir dos 12 meses.

Na segunda fase do crescimento, pode ocorrer o chamado *adiposity rebound*, ou aumento do tecido adiposo. Se o aumento do IMC ocorrer na primeira infância antes dos 5 anos, os riscos da obesidade na idade adulta são maiores.

O valor mínimo do índice de massa corpórea permanece entre as idades de 4 a 8 anos, quando ocorre diminuição que pode chegar a 15 kg/m². A partir dessa idade, ocorre um aumento entre 20 a 25 kg/m² até a idade adulta.

O período da menarca, entre os 11 e 12 anos, ou até menos, também predispõe a menina ao risco da obesidade na idade adulta. A maturação precoce da sexualidade é comum em meninas obesas.

É comum a baixa autoestima em meninas obesas, sendo necessário observar as funções psicossociais que podem desenvolver distúrbio de comportamento alimentar na adolescência e até na idade adulta.

O risco das doenças cardiovasculares que surgem na infância em decorrência da obesidade vão se manifestar na idade adulta, assim como a doença aterosclerótica e a síndrome plurimetabólica. Esses fatores de risco que iniciam-se na infância e na adolescência são prevalentes em função do grau de obesidade precoce.

Os fatores de riscos para hipertensão arterial e hipertrigliceridemia parecem ser mais frequentes nas crianças mais novas, e os riscos de hipercolesterolemia e hiperinsulinemia, a frequência é em adolescentes.

O risco para diabetes tipo 2 é crescente tanto na infância como na adolescência, quando há deposição da gordura abdominal. É importante traçar o histórico familiar desde cedo. A resistência à insulina é comum em crianças e adolescentes obesos e relaciona-se com outras alterações metabólicas. O tratamento recomendado não é padrão, devido a vários problemas metodológicos frequentemente divulgados. As recomendações baseiam-se no controle de peso ponderal e no cuidado do reconhecimento do diagnóstico da obesidade.

É fundamental a redução da ingestão calórica e o aumento do gasto energético mediante orientações dietéticas e atividade física. É preciso atentar às necessidades nutricionais de cada paciente de acordo com a sua idade e manter as recomendações das diretrizes nacionais e a sua proporcionalidade para alcançar a qualidade de uma alimentação saudável.

As recomendações se mantêm em: 50 a 60% de carboidratos, 30% de gorduras e 15% de proteínas.

Quando necessário, pode ser orientada uma dieta hipolipídica, com o máximo de 25% de ingestão lipídica, que é considerada uma abordagem

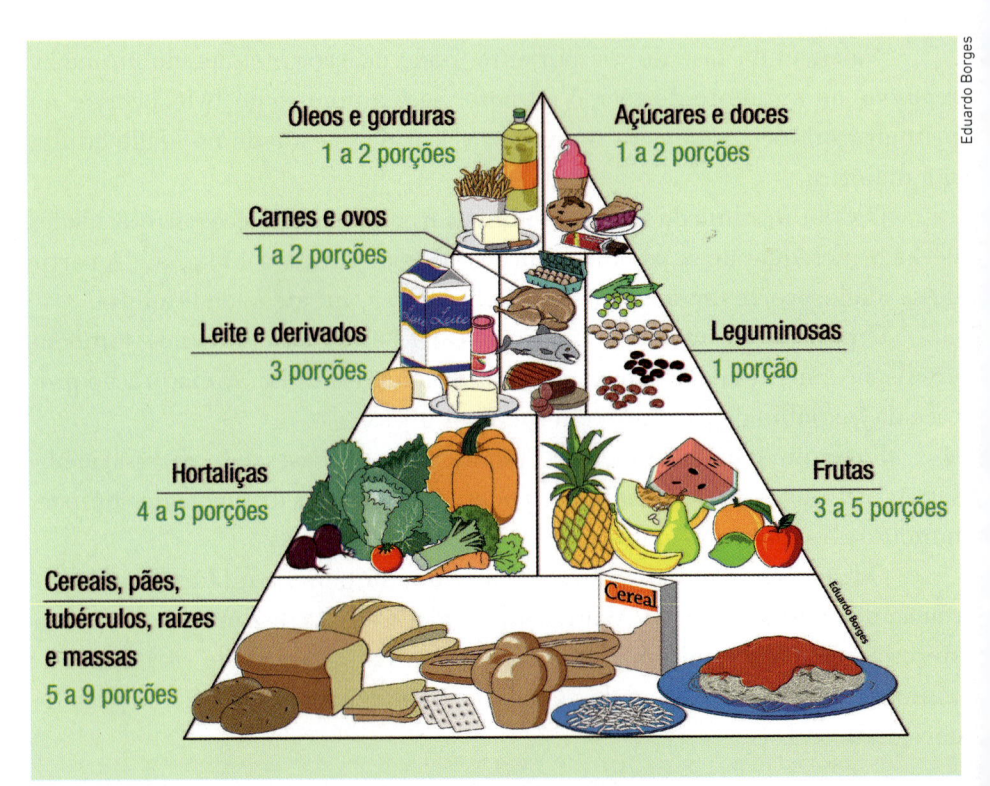

Figura 12.14: Pirâmide alimentar

segura com relação ao aporte nutricional necessário ao crescimento e desenvolvimento. Quanto aos alimentos fontes de carboidratos, priorizar os de baixo índice glicêmico nas dietas, pois parecem ser mais indicados para o tratamento do sobrepeso e da obesidade nessas faixas etárias.

Considerar que o principal objetivo para tratar crianças e adolescentes com obesidade é comportamental, reconhecer a necessidade de mudar os hábitos alimentares, o envolvimento familiar e algumas estratégias como dietas com restrição calórica têm contribuído no tratamento.

Tratamento medicamentoso, dietas rígidas ou cirurgia bariátrica devem ser avaliados e somente recomendados quando as alternativas anteriores não alcançarem sucesso e houver graves comorbidades associadas ao excesso de peso.

A cirurgia bariátrica é recomendada somente quando a fase de crescimento tenha terminado, embora a legislação tenha diminuído a idade para o procedimento em casos de obesidade grave, e deve ser avaliada e aplicada apenas em centros especializados.

13. A prevalência da obesidade infantil e na adolescência no Brasil e no mundo

A obesidade atinge dimensões epidemiológicas significativas no mundo ocidental. No entanto, em ambos os gêneros, a prevalência da obesidade aumenta com a idade. Na Espanha, é grande o número de obesos na adolescência, sobretudo em meninas de classes socioeconômicas mais desfavorecidas, em especial na população adolescente com idades compreendidas entre 12 e 19 anos.

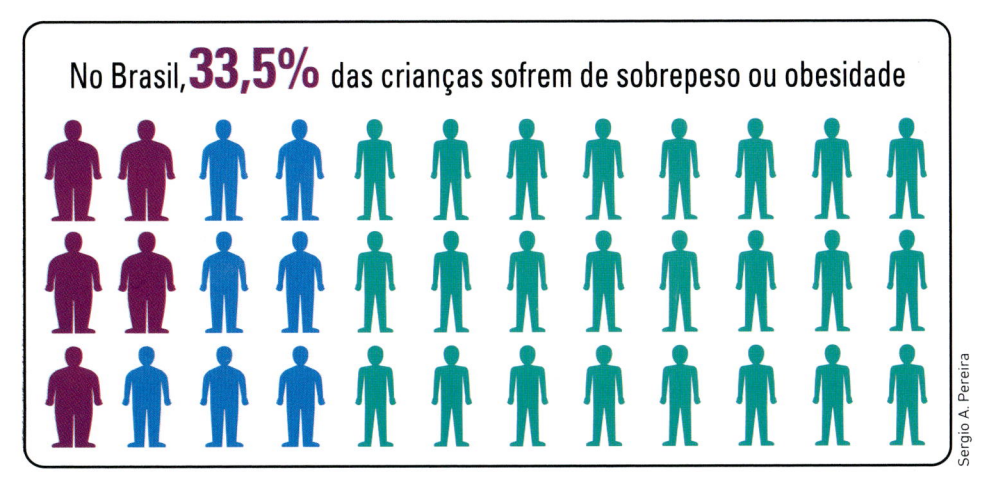

Figura 13.1: Obesidade

Nos EUA, a população de crianças e jovens obesos é alarmante. O aumento na última década foi de 6%. Em 1991, 22% das crianças entre 6 e 19 anos eram obesas – apresentavam um IMC superior ao percentil 85. Destas, 10,9% apresentavam obesidade severa com um IMC superior ao percentil 95.

A obesidade não respeita fronteiras: na China, nos últimos anos, aumentou de 6,4 para 7,7% o número, o que gera 20 milhões de novos casos.

Na Inglaterra, em pesquisa realizada recentemente, identificou-se um aumento da obesidade de 13 a 16% em meninos e meninas, respectivamente, com idade até 16 anos, que apresentavam um IMC acima de 30.

Existem divergências relacionadas com a distribuição epidemiológica da obesidade com relação ao sexo, nível social e econômico, a região, e em vários países, mas a certeza do aumento da obesidade em crianças e adolescentes é preocupante em todo mundo.

Atualmente, a obesidade em crianças e jovens, e também de forma geral em adultos, é considerada pela OMS uma epidemia global, um grande problema de saúde pública, por causa de seu aumento e da associação com várias doenças que ocasiona, como patologias cardiovasculares, hipertensão, osteoartrite, diabetes tipo 2 e várias morbidades.

No Brasil, na região Nordeste, a prevalência de sobrepeso em adolescentes variou 1,7%, e 4,2% na região Sudeste. A obesidade em adolescentes variou entre 6,6 e 8,4%, e, em crianças, entre 8,2 e 11,9% nas mesmas regiões, respectivamente.

Na soma dos dados das duas regiões, para o sexo feminino, a prevalência foi de:

- Obesidade entre crianças de 10,3%;
- Entre os adolescentes 9,3% para obesidade e 3,0% para sobrepeso.

Da mesma forma, nas mesmas regiões, a prevalência para o sexo masculino:

- Obesidade em crianças de 9,2%;
- Entre os adolescentes, 7,3% para obesidade e 2,6% para sobrepeso.

De acordo com a Pesquisa de Orçamentos Familiares – POF – realizada pelo IBGE – Instituto Brasileiro de Geografia e Estatística – e o Ministério da Saúde identificou um aumento no número de crianças com sobrepeso no país. O número de meninos acima do peso de 1989 a 2009 dobrou, passando de 15 para 34,8%, na faixa de 5 a 9 anos de idade. O número de meninos obesos teve um aumento de 300% nesse mesmo grupo de idade: em 1989 era de 4,1% e, em 2008 a 2009, estava em 16,6%. Entre as meninas, a variação foi ainda maior (POF, 2009).

As pesquisas relacionadas à obesidade infantil no Brasil são poucas e muitas amostras não são representativas da população. A prevalência de sobrepeso e obesidade é referente às regiões Nordeste e Sudeste; futuramente serão avaliadas outras regiões brasileiras (IBGE, 2010).

Os pré-escolares apresentam duas fases distintas de crescimento: estirão, entre 2 e 5 anos, e crescimento lento, entre 5 e 7 anos de idade. A frequência da obesidade é maior na segunda fase: por volta dos 10 anos nas meninas; e dos 12 anos nos meninos.

A prevalência de sobrepeso em adolescentes é maior no sexo feminino. A prevalência de obesidade é menor na região Nordeste entre crianças e adolescentes com idade entre 2 a 17 anos.

Na faixa etária de crianças abaixo de 2 anos e adolescentes acima de 18 anos, a diferença na prevalência das regiões Nordeste e Sudeste não foi significante.

A comparação dos resultados desse estudo com os de outros é dificultada pela escassez de estudos populacionais brasileiros e pela diversidade de critérios utilizados, o que impede uma avaliação mais precisa.

13.1 RECOMENDAÇÕES DE ALIMENTAÇÃO SAUDÁVEL PARA TODA A FAMÍLIA

Os objetivos da educação e do aconselhamento nutricional são despertar e conscientizar sobre os conhecimentos, a capacidade e a motivação de cada família, criança e adolescente para que possa adotar uma alimentação que

Figura 13.2: Alimentação saudável

satisfaça e mantenha a saúde. O processo do conhecimento de educação alimentar depende da equipe de saúde: pediatra, nutricionista, psicólogo, profissional de educação física, entre outros, como da compreensão da necessidade de mudanças pela família e os pacientes para evitar ou tratar a doença obesidade.

Para o sucesso de um processo de educação alimentar na perda de peso na infância e adolescência, é necessário que toda a família participe com mudanças que proporcionem uma alimentação saudável para todos.

Recomenda-se:

- Quando na época do desmame, oferecer, aos poucos, alimentos com variedade de sabores e texturas para habituar o paladar da criança;
- Moderação com a adição de sal nas primeiras papas. O sal é um aditivo importante na alimentação, é fonte de sódio, cloro e iodo, que são essenciais ao bom funcionamento orgânico, mas deve ser dosado. As primeiras papas não necessitam de adição de sal, pois a criança deve acostumar o paladar com outros sabores. Na medida em que elas são produzidas, apenas algumas pitadas podem ser acrescentadas. Os óleos devem ser adicionados, pois são fontes de ácidos graxos essenciais para funções orgânicas importantes como absorção das vitaminas lipossolúveis, além de atuarem no metabolismo do sistema nervoso e desenvolvimento psicomotor;
- Lembrar que hortaliças e frutas são fontes de vitaminas, sais minerais e água, e apresentam importantes nutrientes necessários ao desenvolvimento orgânico e contribuem com texturas e sabores e fibras dietéticas para o bom funcionamento intestinal;
- O mel não deve ser oferecido a crianças com menos de 1 ano, puro ou adicionado em frutas. A sua composição pode estar contaminada com a bactéria do botulismo, e a flora intestinal nessa idade ainda é frágil;
- Carnes em geral são fontes significativas de proteínas e ferro;
- Os laticínios fornecem excelente qualidade de vitaminas, proteínas e cálcio biodisponível para o desenvolvimento ósseo e dentário;
- Os cereais produzem energia para todas as funções orgânicas, assim como as gorduras recomendadas;
- A alimentação deve ser variada, agradar pelo visual e paladar, e fornecer saciedade;
- A família, principalmente os pais, deve observar se o filho busca na comida um refúgio para suportar algum tipo de rejeição ou trauma;

- Os sentimentos de rejeição e os distúrbios de comportamento devem ser tratados, para que ocorra a superação;
- O ambiente emocional na hora das refeições influencia na alimentação da criança e do adolescente, por isso é fundamental proporcionar um ambiente agradável;
- Os adolescentes são considerados um grupo de risco nutricional, pois, com frequência, não fazem o desjejum ou omitem refeições substituindo-as por lanches excessivamente calóricos e nada saudáveis. O fato de não fazer uma refeição não auxilia a perda de peso como alguns acreditam. A omissão do café da manhã ou outra refeição altera a função cognitiva e comportamental durante as horas de estudo, e, no momento da próxima refeição, comem de forma compulsiva;
- Orientar as crianças maiores e os adolescentes a manter um registro detalhado do consumo alimentar diário – Diário alimentar – anotando onde foi a refeição, qual o horário, o que comeu, como estava a refeição, se gostou dos alimentos que comeu, entre outras informações que julgarem necessárias;
- Orientar os adolescentes quanto ao hábito de ler os rótulos dos alimentos industrializados que consomem e dar atenção especial à quantidade de açúcares, gorduras, sal e aditivos químicos;
- As novas orientações alimentares devem apresentar flexibilidade, destacando a preferência alimentar, enfatizar a necessidade de mudança para conduzir a perda de peso com alimentos saudáveis;
- O horário das refeições não é o mais adequado para repreensões e punições;
- Quando os pais estão ausentes no horário das refeições por motivo de trabalho, estas devem ser planejadas anteriormente para que o responsável tenha pleno conhecimento da alimentação a ser servida;
- Elaborar para a criança uma dinâmica que esclareça as mudanças alimentares e suas necessidades individuais, de acordo com cada situação.
- Incentivar a atividade física para proteção da massa magra durante a dieta e minimizar a redução da taxa metabólica associada à redução do peso.
- Manter durante o tratamento para perda de peso a abordagem psicológica que para criança obesa recupere a autoestima.
- Os pais devem selecionar os alimentos para as refeições na hora da compra para que a escolha priorize os alimentos saudáveis;
- Durante o tratamento para perda de peso, os pais não devem ter em casa alimentos não recomendados ou refrigerantes em estoque;

- Não permitir que as refeições da família sejam feitas na frente da televisão;
- Observar as refeições na escola; se ela apresenta a estrutura que possibilite o preparo de refeições com o equilíbrio nutricional recomendado;
- Se a criança costuma levar o lanche de casa, prepará-lo antecipadamente priorizando um lanche saudável;
- Orientar seu filho, se ele leva dinheiro para o lanche escolar, para a escolha de alimentos saudáveis;
- Manter durante a semana restrições: o acesso a salgadinhos, frituras, guloseimas e refrigerantes, na continuidade do tratamento. Procure deixar um dia livre para algum tipo de guloseima;
- Procurar não adoçar sucos de frutas naturais e habituar-se a beber água;
- Os profissionais que trabalham nas escolas devem estar capacitados para incentivar por meio de métodos educativos a nutrição infantil e do adolescente com qualidade nutricional;
- As dietas devem respeitar as condições socioeconômicas da família e os hábitos alimentares como um todo.

Toda a família deve estar envolvida com os processos de educação alimentar para que os resultados sejam satisfatórios e a dieta para crianças e adolescentes obesos obtenha resultados satisfatórios.

PARTE

5

RECEITAS **LIGHT**

PAPAS PARA O DESMAME

Abreviaturas de medidas de peso:
CS = colher de sopa
Cs = colher de sobremesa
cc = colher de chá ou café
q.s. = quantidade suficiente
Pitada = é a quantidade que cabe entre os dedos polegar e indicador.

PAPA DE MANDIOQUINHA

Ingredientes
- 1 mandioquinha tamanho médio (ou batata-salsa)
- Água suficiente para cobrir
- Fio de óleo

Modo de preparo:
Cozinhe a mandioquinha até amaciar bem.
Escorra parte da água do cozimento.
Amasse com o garfo na peneira.
Deixe esfriar e ofereça à criança com uma colher.

> **Observação:**
>
> A mandioquinha pode ser substituída por outros legumes: abóbora amarela ou moranga, abobrinha verde, beterraba, batata-inglesa ou doce, inhame, cenoura.
> Para o preparo das primeiras papas, não adicionar sal, somente um pequeno fio de óleo, depois, passar na peneira e misturar bem.

PAPA DE FRANGO COM BETERRABA

Ingredientes
- ¼ de filé de frango picado
- 1 batata pequena
- 1 beterraba pequena ralada
- 1 cc de cebola picadinha ou ralada
- 1cc de azeite
- 1 pitada de sal

Modo de preparo:
Numa panela, coloque o azeite, a cebola e o frango picado. Refogue.
Acrescente a batata, a beterraba e o sal, cubra com água e cozinhe bem até amaciar.
Amasse com um garfo.
Sirva a criança com uma colher.

> **Observação:**
>
> A carne de frango pode ser substituída por bovina ou de peixe.
> Os legumes também podem ser substituídos.

PAPA DE CARNE BOVINA, BATATA E COUVE

Ingredientes
- ½ bife de carne bovina picada
- 1 batata picada
- 1 folha de couve
- ½ cc de óleo
- ½ cc de salsinha picada
- ½ cc de cebola picadinha
- 1 pitada de sal

Modo de preparo:
Numa panela, coloque o óleo, a cebola, a carne picada e refogue.
Acrescente a batata, o sal e água suficiente para cobrir e deixe cozinhar até amaciar.
Acrescente a couve e a salsinha e deixe cozinhar por mais 5 minutos.
Retire do fogo e amasse com um garfo.
Sirva a criança com uma colher.

PAPA DE ARROZ, CENOURA E OVO

Ingredientes
- 1 Cs de arroz cru
- ½ cenoura ralada
- 1 cc de óleo
- 1cc de cebola ralada
- 1 pitada de sal
- 1 gema cozida

Modo de preparo:
Numa panela, coloque o óleo, a cebola, o arroz e a cenoura. Refogue e adicione água suficiente para cozinhar o arroz.
Retire do fogo, acrescente a gema do ovo e amasse com o garfo.
Sirva a criança com uma colher.

PAPA DE CARNE, MACARRÃO E ABOBRINHA

Ingredientes
- 2 Cs de carne moída
- 1 CS de macarrão
- 1 pedaço pequeno de abobrinha picada
- 1 cc de óleo
- 1 cc de cebola picada
- 1 CS de tomate picadinho
- 1 cc de salsinha picada
- 1 pitada de sal

Modo de preparo:
Numa panela, coloque o óleo, a cebola e a carne. Refogue.
Acrescente a abobrinha e ½ copo de água. Ao ferver, junte o macarrão e o sal.
Cozinhe até que todos os ingredientes estejam macios, e a água, reduzida.
Amasse com o garfo e sirva a criança.

Observação:
O macarrão pode ser variado: tipo letrinhas, conchinhas ou outro qualquer. À medida que a dentição cresce, os ingredientes picados podem ser oferecidos à criança sem amassar.

SANDUÍCHES

Abreviaturas de medidas de peso:
CS = colher de sopa
Cs = colher de sobremesa
cc = colher de chá ou café
q.s. = quantidade suficiente
Pitada = é a quantidade que cabe entre os dedos polegar e indicador.

SANDUÍCHE DE QUEIJO

Ingredientes

- 2 fatias de pão de forma integral
- 1 fatia grossa de queijo branco tipo minas
- 3 fatias de tomate ou picados
- 1 folha de alface
- 1 CS de iogurte natural com um fio de azeite
- 1 cc de orégano

Modo de preparo:

Triture ou pique o queijo e misture com o iogurte, o azeite e o orégano. Se necessário, adicione 1 pitada de sal.
Passe essa mistura no pão de forma, coloque o tomate e a alface.
Sirva com suco de frutas natural.

SANDUÍCHE DE FRANGO

Ingredientes

- 1 pão francês integral
- Fatias de peito de frango já assado ou cozido
- 1 tomate pequeno picado
- 1 colher de milho-verde em lata
- Folhas picadas de alface-americana
- 1 CS de maionese light
- 1 cc de azeite

Modo de preparo:

Passe a maionese no pão e acrescente, em camadas, o frango fatiado, o tomate, a alface e o milho.
Regue com o azeite.
Sirva com suco de frutas natural.

HAMBÚRGUER

Ingredientes
- 1 pão de hambúrguer
- 1 bife de hambúrguer caseiro
- 1 fatia de queijo muçarela
- 3 fatias de tomate
- 2 folhas de alface
- 1 pepino pequeno em conserva fatiado
- Maionese light
- Mostarda q.s.

Modo de preparo:
Grelhe o bife de hambúrguer com um fio de óleo.
Passe a maionese no pão e monte o hambúrguer: bife, queijo, tomate, alface, pepino e mostarda.
Sirva com uma limonada caseira.

BIFE DE HAMBÚRGUER CASEIRO

Ingredientes
- 150 g de carne bovina magra moída
- 1 Cs de cebola picada
- ½ dente de alho picado
- Cheiro-verde picado à vontade
- 1 Cs de farinha de rosca para dar liga
- 1Cs de azeite ou óleo
- Sal q.s.
- 1 pitada de pimenta-do-reino moída

Modo de preparo:
Misture todos os ingredientes em uma tigela e, com auxílio das mãos, monte o bife de hambúrguer. Doure na grelha ou frigideira com um fio de óleo.

SANDUÍCHE DE PRESUNTO

Ingredientes
- 2 fatias de pão integral de aveia
- 2 fatias de presunto magro
- 1 pepino em conserva fatiado
- Folhas de rúcula ou alface crespa
- 1 cenoura pequena ralada
- 1CS de requeijão light

Modo de preparo:
Passe o requeijão no pão de forma e adicione os ingredientes: presunto, pepino, folhas de rúcula e cenoura.
Sirva com suco natural de frutas.

Observação:
As hortaliças e os legumes crus usados no preparo de sanduíches devem ser lavados e higienizados antes de utilizar.

SANDUÍCHE DE FRANGO DESFIADO

Ingredientes
- 1 pão ciabatta pequeno (15 cm)
- 4 fatias de peito de frango assado ou cozido desfiado
- 2 CS de iogurte natural
- ½ cenoura ralada
- 1 cc de orégano
- Alface lisa picada
- 1 cc azeite
- 1 pitada de sal

Modo de preparo:
Corte o pão ao meio e passe o iogurte natural temperado com o azeite, o sal e o orégano.
Acrescente o frango desfiado, a cenoura e a alface.

SANDUÍCHE DE CENOURA

Ingredientes
- 2 fatias de pão de forma integral
- ½ cenoura pequena ralada
- ½ maçã picada em cubinhos
- 1 Cs de nozes raladas
- Salsinha picada a gosto
- 1 Cs de azeite
- 1Cs de maionese light
- 1 pitada de sal

Modo de preparo:
Numa tigela, misture todos os ingredientes.
Recheie o pão.
Deixe gelar e sirva com suco natural de frutas ou mate gelado.

MISTO-QUENTE

Ingredientes
- 2 fatias de pão preto
- 1 fatia de peito de peru light
- 2 fatias de queijo muçarela light
- ½ tomate picado
- 1 Cs de maionese light
- Orégano a gosto

Modo de preparo:
Recheie as fatias do pão com a maionese, o peito de peru, uma fatia de queijo e o tomate picado.
Cubra o pão com a segunda fatia de queijo e acrescente orégano.
Leve ao forno para aquecer até o queijo derreter.
Sirva quente.

SALADAS

Abreviaturas de medidas de peso:
CS = colher de sopa
Cs = colher de sobremesa
cc = colher de chá ou café
q.s. = quantidade suficiente
Pitada = é a quantidade que cabe entre os dedos polegar e indicador.

SALADA SIMPLES

Ingredientes
- 1 tomate pequeno picado
- 1 cenoura pequena ralada
- 3 folhas de alface-americana
- 1 ovo cozido
- 1 CS de maionese light
- 1 cc de mostarda
- 1cc vinagre balsâmico ou de suco de limão.
- Cs de azeite
- Sal

Modo de preparo:
Em uma tigela, junte o tomate, a cenoura e a alface.
Corte o ovo em 4 fatias.
Misture separado para o molho: a maionese, a mostarda, o vinagre ou suco de limão, o sal e o azeite.
Sirva a salada com os ovos e o molho.

SALADA TROPICAL

Ingredientes
- 4 folhas de alface
- 1 abacate pequeno e picado em cubos
- 1 pedaço pequeno de repolho roxo cortado fininho
- 1 maçã picada em cubos
- 1 CS azeite
- Suco de limão
- Sal

Modo de preparo:
Em uma tigela, misture todos os ingredientes, tempere e sirva.

SALADA DE BETERRABA COM MAÇÃ

Ingredientes
- 1 beterraba pequena cozida e picada
- 1 maçã gala picada
- Cheiro-verde à vontade
- Maionese light
- 1 CS de azeite
- 1 CS de vinagre de maçã
- Sal q.s.

Modo de preparo:
Em uma tigela, misture todos os ingredientes. Sirva fria.

SALADA DE BATATAS

Ingredientes
- 2 batatas pequenas cozidas e em fatias grossas
- 2 tomates picados
- 1 ovo cozido
- 1 cc de cebola ralada
- Cheiro-verde
- 1 CS de azeite
- Sal q.s.

Modo de preparo:
Em uma tigela, coloque as batatas ainda quentes e regue com o azeite. Junte a cebola, o sal e deixe esfriar.

Acrescente o tomate e o cheiro-verde. Coloque o ovo cortado em rodelas.

Pode ser servida com molho de maionese light.

SALADA COLORIDA

Ingredientes
Para a salada:
- 1 tomate médio picado
- 1 pepino pequeno picado
- 1 Cc de cebola-roxa picada
- 6 folhas de rúcula
- ½ xícara de queijo de búfala ou branco em cubos
- 3 azeitonas pretas

Para o molho vinagrete:
- 1 hortelã fresca picada
- ½ cc orégano
- Cheiro-verde à vontade
- 1 CS de vinagre de maçã
- 1 CS de azeite
- Sal q.s.

Modo de preparo:
Em uma tigela, misture todos os ingredientes da salada.
Em outra tigela, misture os ingredientes do molho. Misture os dois e sirva.

SALADA DE MACARRÃO

Ingredientes
- 100 g de macarrão parafuso cozido al dente e escorrido
- 1 cenoura pequena ralada
- 3 CS de ervilhas
- 1 ovo cozido picado
- Cheiro-verde picado à vontade
- 4 azeitonas verdes picadas
- 3 buquês de brócolis cozido
- 1 CS de maionese light
- 1 CS azeite
- 1 cc vinagre de maçã
- 1 Cs de queijo ralado ou cubos de queijo branco
- Sal q.s.

Modo de preparo:
Em uma tigela, coloque o macarrão cozido e tempere com o sal e o azeite. Acrescente todos os ingredientes e misture levemente para não quebrar o macarrão. Coloque por cima a maionese, e decore com o queijo e o ovo.

SALADA MISTA COLORIDA

Ingredientes
- 2 folhas de alface-crespa rasgadas
- 2 folhas de alface-roxa rasgadas
- ¼ maço pequeno de folhas de agrião
- Cheiro-verde à vontade
- 4 tomates-cereja fatiados ao meio
- ½ xícara de queijo branco picado
- 2 CS de milho-verde
- 2 CS de ervilhas
- 1CS de azeite
- 1 CS de vinagre de maçã
- Sal q.s.

Modo de preparo:
Em uma travessa, colocar as folhas no fundo e, em camadas, acrescente os demais ingredientes e tempere.
Por último, acrescente o queijo para decorar.
Sirva.

MASSAS

Abreviaturas de medidas de peso:
CS = colher de sopa
Cs = colher de sobremesa
cc = colher de chá ou café
q.s. = quantidade suficiente
Pitada = é a quantidade que cabe entre os dedos polegar e indicador.

MACARRÃO À BOLONHESA

Ingredientes
- 100 g de espaguete cozido al dente e escorrido
- 50 g de carne moída
- 1 cc de cebola
- ½ dente de alho
- 1 tomate picado
- Cheiro-verde à vontade
- 1 Cs de óleo
- 1 Cs de azeite
- Sal
- 1 ovo cozido
- 1 CS de queijo ralado

Modo de preparo:
Em uma panela, adicione o óleo, o alho, a cebola e refogue; adicione a carne moída e o sal, deixe dourar. Quando dourar, acrescente o tomate e ¼ de xícara de água quente. Por último, coloque o cheiro-verde.
Deixe refogar sem secar para formar o molho.
Em uma tigela, coloque o macarrão cozido e quente, adicione o azeite para não grudar. Em seguida, adicione metade do molho bolonhesa e misture.
Coloque em um prato fundo de mesa e adicione o restante do molho à bolonhesa, o ovo picado e o queijo ralado.
Sirva quente.

Observação:
No cozimento das massas não é recomendada a adição de sal ou óleo.
O molho já contém sal, assim como o queijo e a própria massa.

RAVIÓLI COM MOLHO BRANCO

Ingredientes
- 80 g de ravióli de ricota e queijo cozidos em água fervente
- Para o molho:
- 3 CS de creme de leite light
- ¼ xícara de leite semidesnatado
- 2 CS de requeijão light
- 1 CS de queijo ralado
- Folhas de hortelã ou manjericão e tomates-cereja para decorar.

Modo de preparo:
Numa panela, leve ao fogo todos os ingredientes do molho branco, mexendo sempre até ferver. Desligue o fogo.
Numa travessa funda, coloque o ravióli cozido e a metade do molho branco. Misture com cuidado.
Acrescente o restante do molho e o queijo ralado.
Decore com as folhas de hortelã ou manjericão e os tomates-cereja.
Sirva quente.

PANQUECAS

Ingredientes
Massa básica:
- 1 ovo
- ½ xícara de farinha de trigo
- ½ xícara de leite
- 1 cc de óleo
- 1 pitada de sal

Modo de preparo:
Bata todos os ingredientes no liquidificador e deixe descansar alguns minutos. Em uma frigideira, pincele óleo e coloque porções da massa com uma concha pequena.
Deixe dourar dos dois lados.
Reserve.

Sugestão de recheio:
- Frango cozido desfiado e refogado com tomates picados, cheiro-verde e azeitonas.
- Carne moída refogada com alho, cebola, tomate e cheiro-verde.
- Fatia de presunto magro e queijo branco.
- Legumes refogados: cenoura, batata, tomate, ervilha, milho, cheiro-verde.
- Cogumelos cortados em lâminas passados no alho com manteiga.
- Molhos: de tomate ou branco.

MACARRÃO GRAVATA COLORIDO

Ingredientes
- 100 g de macarrão gravata
- 4 unidades de tomate-cereja fatiado
- ½ cenoura pequena ralada
- 2 CS de ervilha
- 2 CS de milho-verde
- Cheiro-verde à vontade
- 1 CS de azeite
- 1 cc de manteiga
- 1 cc de cebola picada
- 1 Cs de vinagre de maçã
- Sal q.s.
- Azeitona verde – opcional
- 20 g de queijo branco em cubos

Modo de preparo:

Cozinhe o macarrão gravata *al dente* em água fervente, passe a manteiga ainda quente e reserve.

Em uma tigela, misture todos os ingredientes: a cenoura, o tomate, a ervilha, o milho e o cheiro-verde. Temperar com o sal, o azeite e o vinagre.

Coloque em cima do macarrão gravata e misture levemente.

Decore com o queijo e sirva.

LASANHA COM LEGUMES

Ingredientes

- 100 g de massa de lasanha (4 folhas)
- 1 berinjela pequena fatiada fina
- 1 abobrinha verde fatiada fina
- 30 g de peito de peru light ralado
- 30g de queijo muçarela light ralado
- 2 CS de requeijão light
- 50 g de molho de tomate
- 10 g de queijo ralado para decorar

Modo de preparo:

Em um prato refratário, coloque camadas na seguinte ordem:
Massa da lasanha
Molho de tomate
Queijo muçarela
Berinjela
Molho de tomate
Peito de peru
Abobrinha
Molho de tomate
Massa de lasanha
Repetir os ingredientes até terminar as camadas e finalizar com o requeijão misturado com o queijo ralado.
Leve ao forno para gratinar por cerca de 20 minutos.
Sirva quente.

PENNE COM FRANGO DESFIADO

Ingredientes

- 100 g de massa tipo penne cozidos em água fervente al dente
- 1 CS de azeite
- 80 g de frango cozido e desfiado refogado com molho de tomate
- 20 g de cogumelos fatiados e refogados ligeiramente na manteiga
- 1 ovo cozido
- 1 tomate picado
- 1 CS de queijo ralado

Modo de preparo:

Coloque em uma tigela o penne cozido e ainda quente adicione o azeite e metade do queijo ralado. Misture.
Adicione o frango e os cogumelos.
Decore com o ovo cozido e o queijo ralado.

CANELONE COM ATUM

Ingredientes
- 80 g de massa pré-cozida para canelone
- 2 CS de atum desfiado
- 3 Cs de molho de tomate
- 1 Cs de queijo branco ralado grosso
- 1 Cs de maionese
- Buquê de brócolis ou ervilha verde para decorar
- 1 CS de salsa picada
- 1 CS de queijo ralado

Modo de preparo:
Em uma tigela, misture o atum com o queijo branco, a maionese e a salsinha.
Recheie a massa de canelone com essa mistura e enrole.
Coloque os canelones recheados em um prato refratário e cubra com o molho de tomate e o queijo ralado.
Leve ao forno para gratinar por 20 minutos.
Decore com buquês de brócolis ou ervilhas verdes.
Sirva quente.

ESPAGUETE COM ESCAROLA E ATUM

Ingredientes
- 100 g de espaguete cozido em água fervente al dente e escorrido
- 5 folhas de escarola frescas
- CS de atum desfiado
- ½ dente de alho amassado
- 1 Cs de azeite
- 1 Cs de queijo ralado

Modo de preparo:
Doure o alho no azeite, refogue a escarola e junte o atum.
Coloque em uma travessa e adicione o espaguete.
Adicione o queijo ralado e sirva quente.

Observação:
O espaguete pode ser integral ou enriquecido com legumes.

GUARNIÇÕES OU ACOMPANHAMENTOS

Abreviaturas de medidas de peso:
CS = colher de sopa
Cs = colher de sobremesa
cc = colher de chá ou café
q.s. = quantidade suficiente
Pitada = é a quantidade que cabe entre os dedos polegar e indicador.

COUVE-FLOR GRATINADA

Ingredientes
- 3 buquês de couve-flor
- 2 CS de milho-verde
- 2 CS de creme de leite light
- 1 Cs de amido de milho
- 2 fatias de queijo muçarela light
- Sal a gosto

Modo de preparo:
Cozinhe a couve-flor em água fervente por uns 10 minutos.
Bata o milho no liquidificador junto com o creme de leite e o amido de milho.
Coloque em um prato refratário os buquês de couve-flor, salpique o sal e cubra com o creme de milho.
Adicione o queijo sobre com o creme de milho e leve ao forno para gratinar.
Sirva para acompanhar carnes.
Para variar a receita, podem ser gratinados dessa forma: brócolis, batata-inglesa, batata-salsa, batatas-doces, cenouras, berinjelas, abobrinha italiana.

BERINJELA À PIZZAIOLO

Ingredientes
- 3 rodelas de berinjelas
- 3 fatias de queijo prato light
- 2 rodelas de tomate
- 2 metades de sardinha em lata
- Orégano a gosto
- Fio de azeite

Modo de preparo:
Afervente a berinjela rapidamente em água quente e escorra.
Coloque em um refratário e monte as camadas: berinjela, fatia de queijo, rodela de tomate, berinjela, fatia de queijo, rodela de tomate, berinjela e finalizar com a fatia de queijo e as sardinhas.
Leve ao fogo para gratinar por 10 minutos.
Sirva quente para acompanhar massas ou carnes.

BATATA ESPECIAL

Ingredientes
- 1 batata-inglesa
- 1 cc de cebola picada
- 1 tomate picado
- Salsinha a gosto
- 1 CS de requeijão light
- Sal a gosto
- Fio de azeite

Modo de preparo:
Cozinhe a batata em água fervente, de forma que fique firme.
Corte em 4 rodelas grossas e adicione o sal e o fio de azeite.
Misture a cebola, o tomate e a salsinha.
Cubra com o requeijão.
Coloque tudo em um refratário e leve ao forno para derreter o requeijão.
Para esta receita podem-se utilizar batatas-doces e cobrir com queijo ralado.

VAGEM COLORIDA

Ingredientes
- 50 g de vagem cozidas na água fervente al dente
- 1 cc de cebola picada
- 1 cc de orégano
- 2 ovos de codorna cozidos
- 3 azeitonas pretas picadas
- 1 CS de cheiro-verde picado
- Fio de azeite
- Sal a gosto

Modo de preparo:
Tempere a vagem ainda quente com sal, cebola, azeite e cheiro-verde.
Coloque em um prato e decore com os ovos de codornas cortados ao meio e azeitonas pretas.
Opcional: decore com tomate picado.

PURÊ DE BATATA-DOCE

Ingredientes
- 1 batata-doce roxa cozida
- 1 laranja – somente o suco
- 1 cc de manteiga
- Sal a gosto

Modo de preparo:
Cozinhe a batata em água fervente até amaciar.
Amasse para o purê.
Adicione a manteiga na batata amassada ainda quente e o sal.
Acrescente o suco de laranja e misture até formar o purê.
Acompanha carnes e peixes.

RISOTO RÁPIDO

Ingredientes
- 30 g de arroz arbóreo
- 50 g de frango cozido e desfiado
- 1 cc de cebola picada
- ¼ dente de alho
- ½ tomate picado
- 2 CS de milho-verde
- Cheiro-verde à vontade
- Um fio de azeite
- 1 CS de queijo ralado

Modo de preparo:
Em uma panela, refogue o frango com a cebola, o alho e acrescente o tomate, o cheiro-verde e o milho. Deixe refogar.
Junte o arroz arbóreo e cubra com água.
Continue mexendo para o arroz não grudar no fundo da panela.
Sempre que necessário, acrescente mais água até o arroz cozinhar.
Sirva em prato de mesa fundo e cubra com o queijo ralado.
O arroz arbóreo pode ser substituído por outra variedade, e o frango, por carne desfiada.

REFOGADO DE LEGUMES

Ingredientes
- 50 g de vagem-manteiga cozida al dente na água fervente
- 30 g de cenoura cozida al dente na água fervente
- 1 cc de cebola picada
- Cheiro-verde à vontade
- Um fio de azeite
- 1 cc de manteiga
- Sal a gosto

Modo de preparo:
Em uma frigideira, coloque o azeite e a cebola, refogue e acrescente a vagem, o sal e a cenoura e refogue rapidamente.

Retire do fogo, junte a manteiga aos legumes quentes, salpique o cheiro-verde. Acompanha carnes, arroz branco e feijão.

CARNES

Abreviaturas de medidas de peso:
CS = colher de sopa
Cs = colher de sobremesa
cc = colher de chá ou café
q.s. = quantidade suficiente
Pitada = é a quantidade que cabe entre os dedos polegar e indicador.

PESCADA COM ERVAS

Ingredientes

- 1 filé de pescada
- 2 Cs de suco de limão
- 2 CS de cebola ralada
- Cheiro-verde picadinho à vontade
- Fio de azeite
- 1 cc manteiga light
- Sal a gosto

Modo de preparo:

Tempere a pescada com o suco de limão, a cebola e o sal.
Aqueça uma frigideira ou grelha.
Pincele manteiga e doure a pescada dos dois lados.
Sirva quente.

PEITO DE FRANGO CROCANTE

Ingredientes

- 1 filé de peito de frango
- 1 limão para retirar o suco
- ¼ de dente de alho
- ½ Cs de mostarda
- 1 CS de farinha de trigo
- 2 CS de farinha de rosca
- 1 ovo batido
- Sal a gosto
- Óleo para untar

Modo de preparo:

Tempere o filé de frango com o suco de limão, o alho, a mostarda e o sal.
Deixe marinar por cerca de 1 hora.
Empane o filé de frango, passe na farinha de trigo e no ovo batido e na farinha de rosca.
Coloque em assadeira untada com um fio e óleo.
Leve ao forno para assar por aproximadamente 40 minutos. Doure dos dois lados.

CARNE DE PANELA

Ingredientes
- 1 bife de coxão mole cortado em cubos grandes
- ½ dente de alho picado
- ¼ de cebola picada
- 1 tomate picado
- Cheiro-verde à vontade
- 2 pedaços de mandioca
- Sal a gosto
- 2 CS de óleo

Modo de preparo:
Tempere a carne com o alho, a cebola e o sal.
Doure no óleo quente, acrescente o tomate e uma xícara de água. Tampe a panela e deixe cozinhar até amaciar.
Acrescente a mandioca em cubos pré-cozida e acrescente água suficiente para cobri-la. Deixe cozinhar até ficar macia.
Decore com o cheiro-verde.
Sirva quente.

FILÉ AO MOLHO DE VINHO

Ingredientes
- 100 g de alcatra
- ¼ de dente de alho picado
- ¼ de cebola fatiada
- 3 CS de vinho tinto
- 1 cc de amido de milho
- 1 pitada de pimenta-do-reino
- Óleo q.s.
- Sal q.s.

Modo de preparo:
Tempere a carne com o alho, o sal e a pimenta-do-reino.
Aqueça uma frigideira ou panela e doure o bife dos dois lados, retire e reserve.
Adicione na mesma panela a cebola e doure levemente, acrescente o vinho, mais 2 medidas de água e o amido dissolvido, a cebola e refogue rapidamente.
Volte com os bifes para a panela e deixe refogar alguns minutos.
Sirva quente.
Podem ser adicionados à receita: champignon, vagem ou cenoura.

LOMBO AO MOLHO DE LARANJA

Ingredientes
- 100 g de lombo
- 1 cc de manteiga
- Suco de ½ limão
- ¼ de dente de alho picado
- ¼ de cebola picada
- 1 Cs de mostarda
- Sal q.s
- Fio de azeite

Para o molho:
- 1 unidade de laranja – suco
- 1 cc de amido de milho
- 1 pitada de açúcar

Modo de preparo:
Tempere o lombo com o suco de limão, o alho, a cebola, a mostarda, o sal e o fio de azeite e deixe marinar por 2 horas.

Aqueça uma panela e doure o lombo dos dois lados, junte a marinada, acrescente 1 xícara de água e deixe cozinhar até reduzir e amaciar o lombo.

Misture ao suco de laranja ½ copo de água e o açúcar e acrescente ao lombo no final da cocção. Mexa até levantar fervura para não empelotar.

Sirva quente.

MEDALHÕES DE FRANGO

Ingredientes
- 2 medalhões de peito de frango
- ¼ de dente de alho
- 1 pitada de pimenta-do-reino
- ½ unidade de limão – suco
- 1 cc de mostarda
- Fio de óleo
- Sal q.s.

Para o molho:
- 1 CS creme de leite light
- 3 CS leite semidesnatado
- 1 cc amido de milho
- Sal q.s.
- ½ cenoura

Modo de preparo:

Tempere os medalhões de frango com o sal, alho, suco de limão, pimenta-do-reino e a mostarda. Deixe marinar.

Doure os medalhões em uma panela aquecida e com um fio de óleo. Acrescente ½ xícara de água e a cenoura, e deixe cozinhar. Reserve.

Misture todos os ingredientes do molho e coloque sobre os medalhões, deixe cozinhar até levantar fervura mexendo sempre.

Sirva quente.

O peito de frango pode ser substituído por sassami ou carne bovina macia.

ABOBRINHA RECHEADA COM CARNE MOÍDA

Ingredientes
- 1 abobrinha verde ou italiana
- 80 g de carne moída
- ¼ de dente de alho picado
- ¼ de cebola picada
- ½ tomate picado
- Cheiro-verde à vontade
- 1 CS de aveia integral
- Queijo ralado
- Sal q.s.

Modo de preparo:

Corte a abobrinha em 4 pedaços.

Afervente rapidamente cobertas de água por, no máximo, 5 minutos; até deixá-las firmes.

Faça uma cavidade com uma colher e retire parte da polpa, reserve.

Em uma panela, adicione o óleo, o alho e a cebola, acrescente a carne moída, o tomate e o sal, refogue bem até dourar. Acrescente a aveia, a polpa da abobrinha reservada e o cheiro-verde.

Recheie os canudos de abobrinha, coloque em um prato refratário, cubra-as com o queijo e gratine por 20 minutos.

Sirva quente.

SOBREMESAS

Abreviaturas de medidas de peso:
CS = colher de sopa
Cs = colher de sobremesa
cc = colher de chá ou café
q.s. = quantidade suficiente
Pitada = é a quantidade que cabe entre os dedos polegar e indicador.

SALADA DE FRUTAS

Ingredientes
- ½ banana
- ½ maçã gala
- ¼ de mamão
- 3 unidades de morangos
- ¼ de kiwi
- 4 unidades de suspiro de padaria
- 1 unidade de laranja, somente o suco

Modo de preparo:
Lave e higienize todas as frutas.
Pique as frutas em tamanho médio e as coloque em uma taça ou tigela.
Acrescente o suco de laranja.
Quebre os suspiros e coloque por cima para decorar.
Sirva.

MUSSE DE MARACUJÁ

Ingredientes
- 1 unidade de polpa de maracujá passada na peneira para retirar as sementes
- Reservar sementes para decorar – 1 CS é suficiente
- 4 CS de leite condensado light
- 8 CS de creme de leite light
- 50 g de chocolate meio amargo em lascas

Modo de preparo:
Em uma tigela, misture o leite condensado com o creme de leite e a polpa do maracujá.
Sirva em uma taça e decore com a polpa reservada e com lascas de chocolate meio amargo.
Sirva gelada.

CAJUZINHO DE BANANA

Ingredientes
- 10 g de amendoim torrado sem pele e moído
- 2 CS de açúcar light
- 4 CS de leite condensado light
- 1 Cs de chocolate em pó, cacau 50%
- ½ unidade de banana pequena amassada ou picada

Modo de preparo:
Coloque os ingredientes, menos o amendoim em uma panela e leve ao fogo mexendo até desgrudar do fundo da panela. Deixe esfriar.
Faça os cajuzinhos e passe no amendoim.
Sirva na sobremesa.

SORBET DE ABACAXI

Ingredientes
- ¼ de xícara (chá) de abacaxi picado
- ½ xícara (chá) de água
- 1 pedaço pequeno de casca de abacaxi
- 2 CS de açúcar light
- 2 CS de suco limão
- Pedaços de abacaxi e folhas de hortelã para decorar

Modo de preparo:
Bata o abacaxi no liquidificador até formar um purê e reserve.
Leve uma panela ao fogo médio, adicione a água, a casca do abacaxi, o açúcar e cozinhe até levantar fervura. Baixe o fogo e deixe cozinhar por mais 5 minutos.
Retire a casca do abacaxi e acrescente o purê de abacaxi reservado e o suco de limão. Misture bem e coloque em um recipiente e leve ao congelador por 2 horas ou até que fique bem firme.
Após este tempo, retire do congelador, bata rapidamente na batedeira e volte ao congelador por mais 2 horas.
Sirva decorado com pedaços de abacaxi e folhas de hortelã.
Esse sorbet pode ser também elaborado com pêssego ou manga.

MAÇÃ ASSADA

Ingredientes
- 1 maçã gala
- 1 Cs de açúcar mascavo ou mel
- Canela em pó

Modo de preparo:
Lave e higienize a maçã.
Corte a maçã ao meio e retire a semente.
Coloque no centro da maçã o açúcar mascavo e polvilhe com canela.
Leve ao forno para derreter o açúcar.
Sirva quente.

FLAN DE PERA

Ingredientes
- 1 pera sem casca, cortada em cubinhos
- 1 ovo inteiro
- ½ xícara de leite semidesnatado
- 1 CS de açúcar light
- 2 CS de farinha de aveia
- 1 CS de creme de leite
- 1 cc de essência de baunilha

Modo de preparo:
Reserve alguns pedacinhos de pera para decorar.
Em uma panela, coloque todos os ingredientes e leve ao fogo até ferver, mexendo sempre. Cozinhe por uns 3 minutos, até ficar com consistência de creme firme.
Retire do fogo e coloque em uma taça.
Sirva gelado, decorado com os pedacinhos de pera polvilhados com canela.
Se preferir, coloque essência de baunilha.

PAVÊ DE MORANGO

Ingredientes
- 50 g de biscoito maisena ou Maria
- 6 unidades de morangos
- 4 Cs de leite condensado light
- ½ xícara de leite semidesnatado
- 1 Cs de amido de milho
- ½ gema de ovo
- 1 cc de essência de baunilha
- 1 CS de chantilly light

Modo de preparo:

Em uma panela, coloque os ingredientes do creme, menos o morango. Leve ao fogo e cozinhe até ferver e engrossar, mexendo sempre.

Lave e higienize os morangos. Fatie-os em lâminas.

Para montar o pavê, coloque em um prato ou taça de sobremesa camadas da bolacha, creme de baunilha, morangos, bolacha e creme. Decore com o chantilly e os morangos fatiados.

Sirva gelado.

Receitas light elaboradas e testadas pela autora.

BIBLIOGRAFIA

ABESO. Associação Brasileira para o Estudo da Obesidade e da Síndrome Metabólica. Disponível em: <http://www.abeso.org.br>. Acesso em: 20 jan. 2014.

ABIAD. Associação Brasileira das Indústrias de Alimentos Dietéticos, *Informativos*, 2010.

ABRANTES, M. M.; LAMOUNIER, J. A.; COLOSIMO, E. A. Prevalência de sobrepeso e obesidade em crianças e adolescentes das Regiões Sudeste e Nordeste. *Jornal de Pediatria*, Rio de Janeiro, 2002.

AIRES, M. *Fisiologia*. Rio de Janeiro: Guanabara Koogan, 2008.

ALBANO, R. D.; SOUZA, S. B. Estado nutricional de adolescentes: "risco de sobrepeso" e "obesidade" em uma escola pública do Município de São Paulo. *Cadernos de Saúde Pública*, v. 17, n. 4, 2001.

ALMEIDA, C. A. N. *Puericultura*: princípios e práticas. Atenção integral à saúde da criança. Rio de Janeiro: Atheneu, 2000.

_____. et al. Obesidade infantojuvenil: uma proposta de classificação clínica. *Revista de Pediatria*, São Paulo, v. 26, 2004.

ANDRADE, L. H. S. G.; GORESTEIN, C. Aspectos gerais das escalas de avaliação de ansiedade. *Revista de Psiquiatria Clínica*, 1998, p. 25.

ANJOS, L. A. *Obesidade e saúde pública*: temas em saúde. Rio de Janeiro: Editora Fiocruz, 2006.

AQUINO, A. M. *Orientações para o programa de alimentos*. Fundo Nacional de Alimentação Escolar: Série Alimentação Escolar, v. 1, 1995.

BATISTA, F. M.; RISSIN A. A transição nutricional no Brasil: tendências regionais e temporais. *Cadernos de Saúde Pública*, v. 19 (supl. 1), 2003.

BARLOW, D. *Manual clínico dos transtornos psicológicos*. Porto Alegre: Artmed, 1999.

BERNARDES, S. M. *Redescobrindo os alimentos*. São Paulo: Faculdades Integradas São Camilo, 1997.

BEHRMAN, R. I.; KLIEGMAN, R. N. *Princípios de Pediatria*. 2. ed. Rio de Janeiro: Guanabara Koogan, 1994.

BRASIL. Ministério da Saúde, Instituto Nacional de Alimentação e Nutrição. *Pesquisa Nacional Sobre Saúde e Nutrição*. Condições nutricionais da população brasileira. Brasília: INAN. 1991

_____. Ministério da Saúde, Instituto Brasileiro de Geografia e Estatística – IBGE. POF 2008-2009. *Antropometria e estado nutricional de crianças, adolescentes e adultos no Brasil*, 2010.

_____. Ministério da Saúde. *Quase metade da população brasileira está acima do peso.* Disponível em: <http://portalsaude.saude.gov.br/portalsaude/noticia/4718/162/quase--metade-da-populacao-brasileira-esta-acima-do-peso.html>. Acesso em: 5 out. 2013.

_____. MEC/Fundação de Assistência ao Estudante. *Direito à merenda escolar.* Brasília, 1996.

_____. MEC/Fundação Nacional de Desenvolvimento da Educação. *Programa Nacional de Alimentação Escolar.* Brasília, 1999.

BEZERRA, L. *Panorama geral de uma política nacional de alimentação e nutrição*: subsídios básicos. Brasília: [s.n], 1997.

BRASIL. Ministério da Saúde - ANVISA - Agência Nacional de Vigilância Sanitária Disponível em www.anvisa.gov.br. Acesso em: 10 mar. 2014.

BRASIL. Instituto Brasileiro de Geografia e Estatística – IBGE. VIGITEL Brasil 2009: Vigilância de Fatores de Risco e Proteção para Doenças Crônicas por Inquérito Telefônico3 – Pesquisa: Os Números da Obesidade no Brasil: VIGITEL Artigos, 2011.

BRILLAT-SAVARIN, J. A. *A fisiologia do gosto.* São Paulo: Companhia das Letras, 1995.

BURTON, B. T. *Nutrição humana*: manual de nutrição na saúde e na doença. São Paulo: McGraw-Hill, 1979.

CADERNOS CRESCENDO COM SAÚDE: uma nova maneira de falar com as mães. São Paulo: Editora e Consultoria em Nutrição, 1998.

CARNEIRO, H. *Comida e sociedade*: uma história da alimentação. Rio de Janeiro: Campus, 2003.

CINTRA, I. P. et al. Obesidade e síndrome metabólica na infância e adolescência. *Revista de Nutrição*, Campinas, n. 17, abr./jun., 2004.

CLAUDINO, A. M.; ZANELLA, M. T. *Guia de transtornos alimentares e obesidade.* São Paulo: Manole, 2005.

CHAVES, Nelson. *Nutrição básica e aplicada.* Rio de Janeiro: Guanabara Koogan, 1985.

COUTINHO, W. *Etiologia da obesidade.* Disponível em: <http://www.abeso.org.br/pdf/Etiologia%20e%20Fisiopatologia%20-%20Walmir%20Coutinho.pdf>. Acesso em: 18. fev. 2014.

_____. et al. *Consenso Latino-Americano sobre obesidade.* Disponível em: <http://www.abeso.org.br/pdf/consenso.pdf>. Acesso em: jan. 2014.

_____; NUNES M. A.; GALVÃO, A. L. *Transtornos alimentares e obesidade.* Porto Alegre: Artmed, 2006.

COSTA, J. M. A.; BIAGGIO, A. M. B. Aspectos emocionais da obesidade: ansiedade e raiva. *Arquivos Brasileiros de Psicologia*, v. 50, 1998.

CRUZ, Gouveia Enilda. *Nutrição*: saúde e comunidade. Editora *Revinter*, Rio de Janeiro, 1983.

DÂMASO, A.; TEIXEIRA, L.; CURI, C. M. Atividades motoras na obesidade. In: FISBERG, M. *Obesidade na infância e adolescência.* São Paulo: Fundação BYK, 1995.

DAMIAMI, D.; CARVALHO, D. P.; OLIVEIRA, R. G. Obesidade na infância – um grande desafio. *Pediatria Moderna*, 2000.

DOUGLAS, C. R. *Fisiologia aplicada à nutrição*. 2. ed. Rio de Janeiro: Guanabara Koogan, 2006.

DUARTE, V.; GUERRA, R. H. D. *Nutrição e obesidade*. 2. ed. Porto Alegre: Editora Artes e Ofícios, 2001.

DUTRA de Oliveira, J. E. *Ciências nutricionais*. São Paulo: Editora Sarvier, 2008.

FISBERG, M. Obesidade na infância e adolescência. In: Congresso Ciências do Desporto e Educação Física dos países de língua portuguesa, *Suplemento*, São Paulo, n. 5, set. 2006.

FRICKER, J. *Guia da alimentação das crianças da concepção à adolescência*. Coleção: Medicina e Saúde. São Paulo: Instituto Piaget, 2001.

FONSECA, J. G. M. Obesidade e outros distúrbios alimentares. *Revista Clínica Médica*, 2001.

FRANCISCHI, R. P. Efeito da intensidade da atividade física e da dieta hipocalórica sobre consumo alimentar, a composição corporal e a colesterolemia em mulheres obesas. *Revista Brasileira de Nutrição Clínica*, Porto Alegre, v. 14, n. 1, p. 1-8, 1999.

GOMES, M. C. O. *Obesidade na infância e adolescência*. Disponível em: <http://www.biosaude.com.br/artigos/index.php?id=155&idme=13&ind_id=34>. Acesso em: 11 out. 2013.

GIULIANO, R.; MELO, A. L. P. Diagnóstico de sobrepeso e obesidade em escolares: utilização do índice de massa corporal segundo padrão internacional. *Jornal de Pediatria*, São Paulo, n. 2, 2004.

GUYTON, A. C.; HALL, J. E. *Tratado de fisiologia médica*. 12. ed. Rio de Janeiro: Elsevier, 2011.

HALPERN, A. Relação entre o perfil metabólico e níveis de leptina em indivíduos obesos. *ABESO*, São Paulo, 2007.

INSTITUTO BRASILEIRO DE GEOGRAFIA E ESTATÍSTICA – IBGE. *Síntese de indicadores sociais*. Rio de Janeiro, 2009.

INSTITUTO BRASILEIRO DE GEOGRAFIA E ESTATÍSTICA – IBGE – POF 2008-2009. *Antropometria e estado nutricional de crianças, adolescentes e adultos no Brasil*, 2010.

LOPES F. A.; BRASIL A. L. D. *Nutrição e dietética em clínica pediátrica*. São Paulo: Atheneu, 2003.

NESTLÉ. Good Food, good life. *Alimentação e nutrição*. Traduzida e adaptada por Comunicações de Nutrição Nestlé Brasil, 2007.

NÓBREGA. J. *Distúrbios da nutrição*. Rio de Janeiro: Revinter, 2003.

MACEDO C. A. P.; BELLO R. L. *A criança que não come*: guia de tratamento e prevenção. São Paulo: Atheneu, 2002.

MELLO, E. D.; LUFT, V. C.; MEYER, F. *Obesidade infantil*: como podemos ser eficazes? *Jornal de Pediatria*, v. 80, 2004.

MENDONÇA, R. T. *Nutrição*: um guia completo de alimentação, práticas de higiene, cardápios, doenças, dietas, gestão. São Paulo: Rideel, 2010.

_____. *Cardápios*: técnicas e planejamento. Rio de Janeiro: Rúbio, 2013.

MCARDLE, E. A. *Fisiologia do exercício*: energia, nutrição e desempenho humano. Rio de Janeiro: Guanabara Koogan, 2003.

MONTEIRO, C. A. et al. Causas e declínio da desnutrição infantil no Brasil, 1996-2007. *Revista de Saúde Pública*, São Paulo: Universidade de São Paulo, Faculdade de Saúde Pública, 2005, v. 43, n. 1, p. 35-43.

MONTEIRO, P. O. A. et al. Diagnóstico de sobrepeso em adolescentes: estudo de desempenho de diferentes critérios para o índice de massa corporal. *Revista de Saúde Pública*, out. 2000.

KRAUSE, L. K. *Alimentos, nutrição e dietoterapia*. São Paulo: Roca, 1998.

OMS. *Relatório Mundial de Saúde 2006*: trabalhando juntos pela saúde. Brasília, DF: Ministério da Saúde, OMS, 2007. Disponível em: <http://www.opas.org.br/mostrantp.cfm?codigodest=586>. Acesso em: 12. mar. 2014.

ORGANIZAÇÃO DAS NAÇÕES UNIDAS (ONU). *Declaração Universal dos Direitos Humanos* – versão simplificada. América Latina: Serviço de Paz e Justiças (Serpaj), 1948. Disponível em: <www.dhnet.org.br/direitos/deconu/index.html>.

PHILIPPI, S. T. *Pirâmide dos alimentos*: fundamentos básicos de nutrição. Barueri: Manole, 2008.

RAMOS, A. T. *Atividade física*: diabéticos, gestantes, 3ª idade, crianças, obesos. Rio de Janeiro: Sprint, 1999.

ROMERO, C. E. M.; ZANESCO, A. O papel dos hormônios leptina e grelina na gênese da obesidade. *Revista de Nutrição*, Campinas, jan./fev. 2006.

SÁ, N. G. *Nutrição e dietética*. ed. rev. atual. São Paulo: Nobel, 1990.

SANTOS, L. A. S. Educação alimentar e nutricional no contexto da promoção de práticas alimentares saudáveis. *Revista de Nutrição*, Campinas, 18(5): 681-692, set./out. 2005.

SENISE. N. *Pare de engordar*: obesidade um problema psicológico. Rio de Janeiro: Record, 2002.

SICHIERI, R. *Epidemiologia da obesidade*. Rio de Janeiro: UERJ, 1998.

SILVERTHOR, D. *Fisiologia humana*. 5. ed. Porto Alegre: Artmed, 2010.

SIGULEM, M. Obesidade na infância e na adolescência. *Compacta Nutrição*, 2001.

TERRES, N. G. Prevalência e fatores associados ao sobrepeso e à obesidade em adolescentes. *Revista de Saúde Pública*, São Paulo, v. 40, 2006.

VITALLE, M. S. S.; JUZWIAK C. R. Alimentação do adolescente. In: CARVALHO, E. S. *Terapêutica e prática pediátrica*. São Paulo: Atheneu, 2000.

VIUNISKI, N. *Obesidade infantil*: um guia prático para profissionais de saúde. Rio de Janeiro: EPUB, 1999.

ANEXOS

ANEXO 1

Ministério da Saúde
Gabinete do Ministro
PORTARIA N. 424, DE 19 DE MARÇO DE 2013*

Redefine as diretrizes para a organização da prevenção e do tratamento do sobrepeso e obesidade como linha de cuidado prioritária da Rede de Atenção à Saúde das Pessoas com Doenças Crônicas.

O MINISTRO DE ESTADO DA SAÚDE, no uso da atribuição que lhe conferem os incisos I e II do parágrafo único do art. 87 da Constituição, e

Considerando o Decreto n. 7.508, de 28 de junho de 2011, que dispõe sobre a organização do Sistema Único de Saúde (SUS), o planejamento da saúde, a assistência à saúde e a articulação interfederativa;

Considerando a Portaria n. 687/GM/MS, de 30 de março de 2006, que aprova a Política Nacional de Promoção da Saúde;

Considerando a Portaria n. 971/GM/MS, de 3 de maio de 2006, que aprova a Política Nacional de Práticas Integrativas e Complementares no SUS;

Considerando a Portaria n. 4.279/GM/MS, de 30 de dezembro de 2010, que estabelece diretrizes para a organização da Rede de Atenção à Saúde no âmbito do SUS;

Considerando a Portaria n. 719/GM/MS, de 7 de abril de 2011, que institui o Programa Academia da Saúde no âmbito do SUS;

Considerando a Portaria n. 1.600/GM/MS, de 7 de julho de 2011, que reformula a Política Nacional de Atenção às Urgências e institui a Rede de Atenção às Urgências no SUS;

Considerando a Portaria n. 2.488/GM/MS, de 21 de outubro de 2011, que aprova a Política Nacional de Atenção Básica, estabelecendo a revisão de diretrizes e normas para a organização da Atenção Básica, para a Estratégia Saúde da Família (ESF) e o Programa de Agentes Comunitários de Saúde (PACS);

---

* Republicada por ter saído no DOU n. 101, de 28-5-2013, Seção1, página 29, com incorreção no original.

Considerando a Portaria n. 2.715/GM/MS, de 17 de novembro de 2011, que atualiza a Política Nacional de Alimentação e Nutrição;

Considerando a Portaria n. 252/GM/MS, de 19 de fevereiro de 2013, que institui a Rede de Atenção à Saúde das Pessoas com Doenças Crônicas no âmbito do SUS, precipuamente o que estabelece o parágrafo único de seu art. 10, ao dispor que os critérios definidos para implantação e financiamento das linhas de cuidado priorizadas e de cada um dos seus componentes devem ser regulamentados em atos normativos específicos a serem editados pelo Ministério da Saúde;

Considerando a Portaria n. 23/SVS/MS, de 9 de agosto de 2012, que estabelece o repasse de recursos financeiros do Piso Variável de Vigilância e Promoção da Saúde, aos Estados, Distrito Federal e capitais e Municípios com mais de um milhão de habitantes, para implantação, implementação e fortalecimento das ações específicas de vigilância e prevenção para o enfrentamento das doenças crônicas não transmissíveis (DCNT) no Brasil;

Considerando a Resolução n. 1/CAISAN, de 30 de abril de 2012, que institui o I Plano Nacional de Segurança Alimentar e Nutricional (PLANSAN 2012/2015);

Considerando o Plano de Ações Estratégicas para o Enfrentamento das Doenças Crônicas Não Transmissíveis no Brasil 2011-2022;

Considerando que a obesidade é uma condição crônica e um fator de risco para outras doenças e uma manifestação de insegurança alimentar e nutricional que acomete a população brasileira de forma crescente em todas as fases do curso da vida;

Considerando a necessidade de garantir nos serviços de saúde a infraestrutura, bem como mobiliário e equipamentos adequados para o cuidado dos indivíduos com obesidade;

Considerando os referenciais dos Cadernos de Atenção Básica, do Guia Alimentar para a população brasileira, dos materiais de apoio do Programa Academia da Saúde e do Programa Saúde na Escola para fortalecimento da promoção à saúde e da prevenção do sobrepeso e da obesidade e qualificação do cuidado desses usuários no âmbito do SUS; e

Considerando a necessidade de ações de promoção e proteção da alimentação adequada e saudável, que incluem a educação alimentar e nutricional e a melhoria da qualidade nutricional, o controle e a regulação de alimentos, resolve:

Art. 1º Esta Portaria redefine as diretrizes para organização da prevenção e do tratamento do sobrepeso e obesidade como linha de cuidado prioritária na Rede de Atenção à Saúde das Pessoas com Doenças Crônicas.

Art. 2º A organização das ações e serviços de prevenção e tratamento do sobrepeso e obesidade na Rede de Atenção à Saúde das Pessoas com Doenças Crônicas observará as seguintes diretrizes:

I - diagnóstico da população assistida no SUS, de modo a identificar os indivíduos com sobrepeso e obesidade a partir da classificação de seu estado nutricional de acordo com a fase do curso da vida, ou seja, enquanto crianças, adolescentes, adultos, gestantes e idosos;

II - estratificação de risco da população de acordo com a classificação do seu estado nutricional e a presença de outros fatores de risco e comorbidades;

III - organização da oferta integral de cuidados na Rede de Atenção a Saúde (RAS) por meio da definição de competências de cada ponto de atenção, do estabelecimento de mecanismos de comunicação entre eles, bem como da garantia dos recursos necessários ao seu funcionamento segundo o planejamento de cada ente federativo e os princípios e diretrizes de universalidade, equidade, regionalização, hierarquização e integralidade da atenção à saúde;

IV - utilização de sistemas de informação que permitam o acompanhamento do cuidado, gestão de casos e regulação do acesso aos serviços de atenção especializada, assim como o monitoramento e a avaliação das ações e serviços;

V - investigação e monitoramento dos principais determinantes do sobrepeso e obesidade;

VI - articulação de ações intersetoriais para promoção da saúde, de forma a apoiar os indivíduos, famílias e comunidades na adoção de modos de vida saudáveis que permitam a manutenção ou recuperação do peso saudável;

VII - garantia de financiamento adequado para prevenção e tratamento do sobrepeso e obesidade na Rede de Atenção à Saúde das Pessoas com Doenças Crônicas;

VIII - formação de profissionais da saúde para a prevenção, diagnóstico e tratamento do sobrepeso e obesidade, de acordo com as diretrizes da Política Nacional de Educação Permanente em Saúde;

IX - garantia da oferta de apoio diagnóstico e terapêutico adequado para tratamento do sobrepeso e da obesidade, com efetivação de um modelo centrado no usuário, baseado nas suas necessidades de saúde, respeitando as diversidades étnico-raciais, culturais, sociais e religiosas; e

X - garantia da oferta de práticas integrativas e complementares para promoção da saúde, prevenção de agravos e tratamento das pessoas com sobrepeso e obesidade.

Art. 3º Para os fins desta Portaria, as atribuições gerais dos pontos de atenção à saúde do SUS para prevenção e tratamento do sobrepeso e obesidade serão definidos a partir da classificação do estado nutricional do indivíduo segundo o Índice de Massa Corporal (IMC) para adultos.

§ 1º Para organização do cuidado aos indivíduos nas demais fases do curso da vida que apresentem sobrepeso e obesidade, deverá ser observada a equivalência dos critérios de classificação por IMC e as especificidades do tratamento.

§ 2º Os critérios de classificação para o sobrepeso e a obesidade nas diferentes fases do curso da vida devem seguir as referências do Sistema Nacional de Vigilância Alimentar e Nutricional (SISVAN).

§ 3º No caso de indivíduos adultos, considera-se com sobrepeso aqueles que apresentem IMC maior ou igual a 25 kg/m^2 e menor que 30 kg/m^2 e com obesidade aqueles com IMC maior ou igual a 30 kg/m^2, sendo a obesidade classificada em:

I - Grau I: indivíduos que apresentem IMC maior ou igual a 30 kg/m² e menor que 35 kg/m²;

II - Grau II: indivíduos que apresentem IMC maior ou igual a 35 kg/m² e menor que 40 kg/m²; e

III - Grau III: indivíduos que apresentem IMC maior ou igual a 40 kg/m².

Art. 4º Para a prevenção e o tratamento do sobrepeso e da obesidade, os Componentes da Rede de Atenção à Saúde das Pessoas com Doenças Crônicas exercerão especialmente as seguintes atribuições:

I - Componente Atenção Básica:

a) realizar a vigilância alimentar e nutricional da população adstrita com vistas à estratificação de risco para o cuidado do sobrepeso e da obesidade;

b) realizar ações de promoção da saúde e prevenção do sobrepeso e da obesidade de forma intersetorial e com participação popular, respeitando hábitos e cultura locais, com ênfase nas ações de promoção da alimentação adequada e saudável e da atividade física;

c) apoiar o autocuidado para manutenção e recuperação do peso saudável;

d) prestar assistência terapêutica multiprofissional aos indivíduos adultos com sobrepeso e obesidade que apresentem IMC entre 25 e 40 kg/m², de acordo com as estratificações de risco e as diretrizes clínicas estabelecidas;

e) coordenar o cuidado dos indivíduos adultos que, esgotadas as possibilidades terapêuticas na Atenção Básica, necessitarem de outros pontos de atenção, quando apresentarem IMC maior ou igual a 30 kg/m² com comorbidades ou IMC maior ou igual a 40 kg/m²;

f) prestar assistência terapêutica multiprofissional aos usuários que realizaram procedimento cirúrgico para tratamento da obesidade após o período de acompanhamento pós-operatório realizado na Atenção Especializada Ambulatorial e/ou Hospitalar; e

g) garantir o acolhimento adequado das pessoas com sobrepeso e obesidade em todos os equipamentos da Atenção Básica, incluindo os Polos de Academia da Saúde;

II - Componente Atenção Especializada:

a) Subcomponente Ambulatorial Especializado:

1. prestar apoio matricial às equipes de Atenção Básica, presencialmente ou por meio dos Núcleos do Telessaúde;

2. prestar assistência ambulatorial especializada multiprofissional aos indivíduos adultos com IMC maior ou igual a 30 kg/m² com comorbidades, e aos indivíduos com IMC maior ou igual a 40 kg/m², quando esgotadas as possibilidades terapêuticas na Atenção Básica, de acordo com as demandas encaminhadas através da regulação;

3. diagnosticar os casos com indicação para procedimento cirúrgico para tratamento da obesidade e encaminhar a demanda através da regulação;

4. prestar assistência terapêutica multiprofissional pré-operatória aos usuários com indicação de realização de procedimento cirúrgico para tratamento da obesidade;

5. prestar assistência terapêutica multiprofissional aos usuários que realizaram procedimento cirúrgico para tratamento da obesidade após o período de acompanhamento pós-operatório realizado na Atenção Especializada Hospitalar;

6. organizar o retorno dos usuários à assistência na Atenção Básica de acordo com as diretrizes estabelecidas localmente; e

7. realizar contrarreferência em casos de alta para os serviços de Atenção Básica, bem como comunicar periodicamente os municípios e as equipes de saúde acerca dos usuários que estão em acompanhamento;

b) Subcomponente Hospitalar:

1. realizar avaliação dos casos indicados pela Atenção Especializada Ambulatorial e/ou Regulação para procedimento cirúrgico para tratamento da obesidade, de acordo com o estabelecido nas diretrizes clínicas gerais, dispostas no Anexo I e protocolos locais de encaminhamentos e regulação;

2. organizar o acesso à cirurgia, considerando e priorizando os indivíduos que apresentam outras comorbidades associadas à obesidade e/ou maior risco à saúde;

3. realizar tratamento cirúrgico da obesidade de acordo com o estabelecido nas diretrizes clínicas gerais dispostas no Anexo I e normas de credenciamento e habilitação definidas pelo Ministério da Saúde em atos normativos específicos;

4. realizar cirurgia plástica reparadora para indivíduos submetidos ao tratamento cirúrgico da obesidade, conforme critérios dispostos em atos normativos específicos do Ministério da Saúde;

5. garantir assistência terapêutica multiprofissional pós-operatória aos usuários que realizaram procedimento cirúrgico para tratamento da obesidade;

6. organizar o retorno dos usuários que realizaram procedimento cirúrgico para tratamento da obesidade à assistência terapêutica multiprofissional na Atenção Especializada Ambulatorial e/ou na Atenção Básica, de acordo com as diretrizes clínicas gerais estabelecidas no Anexo I; e

7. realizar contrarreferência em casos de alta para os serviços de Atenção Básica e/ou atenção ambulatorial especializada, bem como comunicar periodicamente aos Municípios e às equipes de saúde acerca dos usuários que estão em acompanhamento;

c) Subcomponente Urgência e Emergência: prestar assistência e o primeiro cuidado às urgências e emergências, em ambiente adequado, até o encaminhamento, se necessário, dos indivíduos com complicações agudas decorrentes do sobrepeso e obesidade, bem como do pós operatório da cirurgia bariátrica, com a implantação de acolhimento com avaliação de riscos e vulnerabilidades;

III - Componentes Sistemas de Apoio e Sistemas Logísticos:

a) realizar exames complementares ao diagnóstico e tratamento da obesidade, de acordo com plano regional de organização da linha de cuidado da obesidade;

b) prestar assistência farmacêutica necessária ao tratamento clínico da obesidade e pós-tratamento cirúrgico da obesidade, de acordo com plano regional de organização da linha de cuidado da obesidade; e

c) realizar o transporte sanitário eletivo e de urgência para os usuários com obesidade, por meio de veículos adaptados, quando necessário.

Parágrafo único. A organização do acesso às ações e aos serviços especializados referentes ao cuidado das pessoas com sobrepeso ou obesidade será executado pelo Componente Regulação, que atuará de forma integrada, com garantia da transparência e da equidade no acesso, independente da natureza jurídica dos estabelecimentos de saúde.

Art. 5º As Comissões Intergestores Bipartite (CIB), Comissões Intergestores Regionais (CIR) e o Colegiado de Gestão da Secretaria de Estado de Saúde do Distrito Federal (CGSES/DF) pactuarão planos regionais para organização da linha de cuidado do sobrepeso e obesidade a partir do estabelecido nesta Portaria e da estratificação de risco da população adstrita, nos quais deve constar a oferta de cuidado nos diferentes pontos de atenção, bem como a regulação do acesso às ações e serviços dos Componentes Atenção Especializada, subdivisões Ambulatorial Especializado e Hospitalar e Sistemas de Apoio, conforme os Anexos I e II.

§ 1º Caso a região de saúde tenha Contrato Organizativo de Ação Pública em Saúde (COAP), a pactuação da linha de cuidado de obesidade será a ele integrado.

§ 2º A elaboração dos planos regionais para organização da linha de cuidado do sobrepeso e obesidade observará as diretrizes clínicas dispostas no Anexo I.

§ 3º A pactuação de que trata o "caput" é pré-requisito para habilitação de Serviço de Assistência de Alta Complexidade ao Indivíduo Portador de Obesidade, conforme normas de credenciamento e habilitação definidas pelo Ministério da Saúde em atos normativos específicos.

§ 4º O Serviço de Assistência de Alta Complexidade ao Indivíduo Portador de Obesidade será regulamentado em ato normativo específico do Ministério da Saúde.

Art. 6º Aos indivíduos submetidos ao tratamento cirúrgico da obesidade será garantida a realização de cirurgia plástica reparadora, cujos critérios constarão em atos normativos específicos do Ministério da Saúde.

Art. 7º O financiamento da organização das ações e serviços de promoção da saúde, prevenção e tratamento do sobrepeso e obesidade no âmbito da Atenção Básica será realizado por meio do Piso de Atenção Básica, do Piso de Vigilância e Promoção da Saúde, do Programa Nacional de Melhoria do Acesso e da Qualidade da Atenção Básica, do Programa Academia da Saúde, do Programa Saúde na Escola, dos Núcleos de Apoio à Saúde da Família e do apoio para a estruturação da Vigilância Alimentar e Nutricional.

Art. 8º O financiamento da organização das ações e serviços no âmbito do Componente Atenção Especializada será realizado conforme ato normativo específico do Ministério da Saúde, mediante pactuação prévia na Comissão Intergestores

Tripartite (CIT), e estará condicionado à construção regional da linha de cuidado do sobrepeso e obesidade.

Art. 9º O Ministério da Saúde disponibilizará manuais instrutivos e cadernos temáticos para orientar a organização local de linhas de cuidado do sobrepeso e obesidade e a construção de diretrizes clínicas regionais.

Art. 10. Esta Portaria entra em vigor na data de sua publicação.

Art. 11. Ficam revogadas:

I - a Portaria n. 1.569/GM/MS, de 28 de junho de 2007, publicada no Diário Oficial da União, Seção I, de 2 de julho de 2007, página 51; e

II - a Portaria n. 1.570/GM/MS, de 28 de junho de 2007, publicada no Diário Oficial da União, Seção I, de 25 de julho de 2007, página 56.

ALEXANDRE ROCHA SANTOS PADILHA

ANEXO I

DIRETRIZES GERAIS PARA O TRATAMENTO CIRÚRGICO DA OBESIDADE

O tratamento cirúrgico é apenas parte do tratamento integral da obesidade, que é prioritariamente baseado na promoção da saúde e no cuidado clínico longitudinal, conforme descrito nesta Portaria. O tratamento cirúrgico é indicado apenas em alguns casos, cujas indicações estão descritas abaixo, portanto é apenas uma ação dentro do toda da linha de cuidado das pessoas com sobrepeso e obesidade.

1. Indicações para cirurgia bariátrica:

a. Indivíduos que apresentem IMC maior ou igual a 50 kg/m^2;

b. Indivíduos que apresentem IMC maior ou igual a 40 kg/m^2, com ou sem comorbidades, sem sucesso no tratamento clínico longitudinal realizado, na Atenção Básica e/ou na Atenção Ambulatorial Especializada, por no mínimo dois anos e que tenham seguido protocolos clínicos;

c. Indivíduos com IMC maior que 35 kg/m^2 e com comorbidades, tais como pessoas com alto risco cardiovascular, Diabetes Mellitus e/ou Hipertensão Arterial Sistêmica de difícil controle, apneia do sono, doenças articulares degenerativas, sem sucesso no tratamento clínico longitudinal realizado por no mínimo dois anos e que tenham seguido protocolos clínicos.

Os seguintes critérios devem ser observados:

I. Indivíduos que não responderam ao tratamento clínico longitudinal, que inclui orientação e apoio para mudança de hábitos, realização de dieta, atenção psicológica, prescrição de atividade física e, se necessário, farmacoterapia, realizado na Atenção

Básica e/ou Atenção Ambulatorial Especializada por no mínimo dois anos e que tenham seguido protocolos clínicos;

II. Respeitar os limites clínicos de acordo a idade. Nos jovens entre 16 e 18 anos, poderá ser indicado o tratamento cirúrgico naqueles que apresentarem o escore-z maior que +4 na análise do IMC por idade, porém o tratamento cirúrgico não deve ser realizado antes da consolidação das epífises de crescimento. Portanto, a avaliação clínica do jovem necessita constar em prontuário e deve incluir a análise da idade óssea e avaliação criteriosa do risco-benefício, realizada por equipe multiprofissional com participação de dois profissionais médicos especialistas na área. Nos adultos com idade acima de 65 anos, deve ser realizada avaliação individual por equipe multiprofissional, considerando a avaliação criteriosa do risco-benefício, risco cirúrgico, presença de comorbidades, expectativa de vida e benefícios do emagrecimento;

III. O indivíduo e seus responsáveis devem compreender todos os aspectos do tratamento e assumirem o compromisso com o segmento pós-operatório, que deve ser mantido por tempo a ser determinado pela equipe;

IV. Compromisso consciente do paciente em participar de todas as etapas da programação, com avaliação pré-operatória rigorosa (psicológica, nutricional, clínica, cardiológica, endocrinológica, pulmonar, gastroenterológica e anestésica).

2. Contraindicações para cirurgia bariátrica:

a. Limitação intelectual significativa em pacientes sem suporte familiar adequado;

b. Quadro de transtorno psiquiátrico não controlado, incluindo uso de álcool ou drogas ilícitas; no entanto, quadros psiquiátricos graves sob controle não são contraindicativos obrigatórios à cirurgia;

c. Doença cardiopulmonar grave e descompensada que influenciem a relação risco-benefício;

d. Hipertensão portal, com varizes esofagogástricas; doenças imunológicas ou inflamatórias do trato digestivo superior que venham a predispor o indivíduo a sangramento digestivo ou outras condições de risco;

e. Síndrome de Cushing decorrente de hiperplasia na suprarrenal não tratada e tumores endócrinos.

3. Avaliação para tratamento cirúrgico para obesidade

A avaliação deve contemplar todos os critérios de indicação e contra-indicação do tratamento cirúrgico da obesidade descritos nos itens 1 e 2 deste Anexo I, devendo ser realizada por equipe multiprofissional na Atenção Especializada.

4. Assistência pré e pós-operatória no tratamento cirúrgico da obesidade

A assistência pré-operatória e pós-operatória deve ser realizada conforme orientações definidas pelo Ministério da Saúde em portaria específica.

5. Indicações para cirurgia plástica reparadora:

O paciente com aderência ao acompanhamento pós-operatório poderá ser submetido à cirurgia plástica reparadora do abdômen, das mamas e de membros, conforme orientações para indicação de cirurgia plástica reparadora pós-cirurgia bariátrica, definidas pelo Ministério da Saúde em portaria específica.

ANEXO II

ROTEIRO PARA DESCRIÇÃO DA LINHA DE CUIDADO DE SOBREPESO E OBESIDADE DA REDE DE ATENÇÃO À SAÚDE DAS PESSOAS COM DOENÇAS CRÔNICAS

1. Dados do Município-sede da linha de cuidado:

· CNPJ da Prefeitura;

· Código IBGE;

· Contato da Prefeitura (e-mail e telefone);

· Nome do dirigente (Prefeito ou Secretário Municipal de Saúde);

· Cargo ou função;

· Contato do Dirigente (e-mail e telefone).

2. Descrição dos componentes da linha de cuidado à pessoa com sobrepeso e obesidade:

2.1 Municípios que vão compor a linha de cuidado (listar);

2.2 Pontos de Atenção a Saúde (Serviços) dos componentes da Rede de Atenção à Saúde que irão compor a linha de cuidado e suas especificidades:

a) Atenção Básica:

Para cada Município, especificar:

· Nº de UBS adstritas à linha de cuidado;

· CNES e população do território da UBS(s), destacando quais UBS fazem parte do Programa Nacional de Melhoria do Acesso e da Qualidade (PMAQ);

· Nº de NASF com CNES;

· Nº de Academias da Saúde com CNES;

· Descrever a(s) responsabilidade(s) da Atenção Básica.

b) Atenção Especializada (especificar apenas os serviços que serão envolvidos nesta linha de cuidado - ambulatorial, hospitalar, urgência e emergência):

· Serviços: tipo, número e CNES, (exemplo para tipo: policlínica/ambulatório/centro de especialidade; hospital geral; hospital especializado, pronto atendimento; pronto-socorro geral; pronto-socorro especializado);

· Profissionais destes serviços que vão se dedicar à linha de cuidado: categoria profissional, número e carga horária;

· Especificar se realiza procedimento cirúrgico;

· Se não realiza procedimento cirúrgico, especificar, por CNES, para qual serviço de referência realiza os encaminhamentos;

· Especificar se realiza cirurgia plástica reparadora;

· Se não realiza cirurgia plástica reparadora, especificar, por CNES, para qual serviço de referência realiza os encaminhamentos;

· Descrever as responsabilidade(s) da Atenção Especializada (ambulatorial e hospitalar) e informar a população que cada ponto de atenção especializado está responsável (informação obrigatória).

2.3 Sistemas de apoio (especificar apenas os serviços de apoio diagnóstico e terapêutico que serão envolvidos):

· Exames laboratoriais disponíveis para cada ponto de atenção;

· Medicamentos e suplementos disponíveis.

2.4 Regulação:

· Descrever as ações e serviços de regulação e, se houver, Central de Regulação, com indicação do CNES.

3. Indicar o local de publicação das diretrizes clínicas desta linha de cuidado de sobrepeso e obesidade (ex.: site, publicações oficiais do Município ou do Estado);

4. Descrever a organização da educação permanente relacionada a esta linha de cuidado;

5. Dados do contato:

· Nome;

· CPF;

· Cargo ou função;

· E-mail do contato;

· Telefone do contato.

6. Anexar Ata de reunião da CIB em que a linha de cuidado do sobrepeso e da obesidade foi pactuada.

ANEXO 2 – RECOMENDAÇÕES NUTRICIONAIS DIÁRIAS PARA CRIANÇAS – AMBOS OS SEXOS, DE 0 A 12 MESES

Faixa etária - Idade	até 6 meses	7 a 12 meses
Macronutrientes		
Energia (Kcal)	Calculadora	Calculadora
Proteína e aminoácidos(g)	9,1 g	13,5 g
Carboidrato (g)	60 g	95 g
Gorduras totais (g)	31 g	30 g
n-6, ácido gorduroso polinsaturado (g)	4,4 g	4,6 g
n-3, ácido gorduroso polinsaturado (g)	0,5 g	0,5 g
Fibras totais	não determinado	não determinado
Vitaminas		
Vitamina A (µg)	400 µg - (600 µg)	500 µg - (600 µg)
Vitamina C (mg)	40 mg	50 mg
Vitamina D (µg)	5 µg - (25 µg)	5 µg - (25 µg)
Vitamina E (mg)	4 mg	5 mg
Vitamina K (µg)	2,0 µg	2,5 µg
Tiamina ou vit. B_1 (mg)	0,2 mg	0,3 mg
Riboflavina ou vit. B_2 (mg)	0,3 mg	0,4 mg
Niacina ou vit. PP (mg)	2 mg	4 mg
Vitamina B_6 (mg)	0,1 mg	0,3 mg
Folate ou ácido fólico (µg)	65 µg	80 µg
Vitamina B_{12} (µg)	0,4 µg	0,5 µg
Ácido pantotênico (mg)	1,7 mg	1,8 mg
Biotina ou vit. H (µg)	5 µg	6 µg
Colina (mg)	125 mg	150 mg
Sais minerais		
Cálcio (mg)	210 mg	270 mg
Cromo (µg)	0,2 µg	5,5 µg
Cobre (µg)	200 µg	220 µg
Flúor (mg)	0,01 mg	0,5 mg
Iodo (µg)	110 µg	130 µg
Ferro (mg)	0,27 mg	11 mg
Magnésio (mg)	30 mg	75 mg

➡ continua

Manganês (mg)	0,003 mg	0,6 mg
Molibdênio (µg)	2 µg	3 µg
Fósforo (mg)	100 mg	275 mg
Selênio (µg)	15 µg	20 µg
Zinco (mg)	2 mg	3 mg
Outros nutrientes		
Água (L/Dia)	0,6 L/dia	0,8 L/dia
Potássio (g)	0,4 g	0,7 g
Sódio (g)	0,12 g	0,37 g
Cloreto de sódio (sal) (g)	0,18 g	0,57 g

Observação:

• Os valores de ingestão diária recomendada (RDA) e ingestão adequada (AI) podem ambos ser usados como metas de ingestão.

Fonte: CRN-3 Notícias — Publicação Oficial do Conselho Regional de Nutricionistas – CRN-3 (SP/PR/MS)

ANEXO 3 – RECOMENDAÇÕES NUTRICIONAIS DIÁRIAS PARA CRIANÇAS – AMBOS OS SEXOS, DE 1 A 8 ANOS

Faixa etária - Idade	1 a 3 anos	4 a 8 anos
Macronutrientes		
Energia (Kcal)	Calculadora	Calculadora
Proteína e aminoácidos (g)	13 g {5 - 20 g}	19 g {10-30 g}
Carboidrato (g)	130 g {45 – 65 g}	130 g {45 – 65 g}
Gorduras Total (g)	{30 – 40 g}	{25 – 35 g}
n-6, Ácido gordu. polinsaturado (g)	7 g {5 – 10 g}	10 g {5 – 10 g}
n-3, Ácido gordu. polinsaturado (g)	0,7 g {0,6 - 1,2 g}	0,9 g {0,6 - 1,2 g}
Fibras totais	19 g	25 g
Vitaminas		
Vitamina A (µg)	300 µg - (600 µg)	400 µg - (900 µg)
Vitamina C (mg)	15 mg - (400 mg)	25 mg - (650 mg)
Vitamina D (µg)	5 µg - (50 µg)	5 µg - (50 µg)
Vitamina E (mg)	6 mg - (200 mg)	7 mg - (300 mg)
Vitamina K (µg)	30 µg	55 µg
Tiamina ou vit. B_1 (mg)	0,5 mg	0,6 mg
Riboflavina ou vit. B_2 (mg)	0,5 mg	0,6 mg
Niacina ou vit. PP (mg)	6 mg - (10 mg)	8 mg - (15 mg)
Vitamina B_6 (mg)	0,5 mg - (30 mg)	0,6 mg - (40 mg)
Folate ou ácido fólico (µg)	150 µg - (300 µg)	200 µg - (400 µg)
Vitamina B_{12} (µg)	0,9 µg	1,2 µg
Ácido pantotênico (mg)	2 mg	3 mg
Biotina ou vit. H (µg)	8 µg	12 µg
Colina (mg)	200 mg - (1.000 mg)	250 mg - (1.000 mg)
Sais minerais		
Cálcio (mg)	500 mg - (2.500 mg)	800 mg - (2.500 mg)
Cromo (µg)	11 µg	15 µg
Cobre (µg)	340 µg - (1.000 µg)	440 µg - (3.000 µg)
Flúor (mg)	0,7 mg - (1,3 mg)	1 mg - (2,2 mg)
Iodo (µg)	90 µg - (200 µg)	90 µg - (300 µg)
Ferro (mg)	7 mg - (40 mg)	10 mg - (40 mg)
Magnésio (mg)	80 mg - (65 mg)	130 mg - (110 mg)
Manganês (mg)	1,2 mg - (2 mg)	1,5 mg - (3 mg)

➧ continua

Molibdênio (µg)	17 µg - (300 µg)	22 µg - (600 µg)
Fósforo (mg)	460 mg - (3.000 mg)	500 mg - (3.000 mg)
Selênio (µg)	20 µg - (90 µg)	30 µg - (150 µg)
Zinco (mg)	3 mg - (7 mg)	5 mg - (12 mg)
Outros nutrientes		
Água (L/dia)[1]	900 ml = 4 copos de água (1,3 L/dia)	1,2 L = 5 copos de água (1,4 L/dia)
Potássio (g)	3,0 g	3,8 g
Sódio (g)	1,0 g - (1,5 g)	1,2 g - (1,9 g)
Cloreto de sódio (Sal) (g)	1,5 g - (2,3 g)	1,9 g - (2,9 g)

Observação:

Os valores de ingestão diária recomendada (RDA) e ingestão adequada (AI) podem ambos ser usados como metas de ingestão.

ANEXO 4 – RECOMENDAÇÕES PARA MENINAS E MULHERES, COM IDADE DE 9 A 30 ANOS

Faixa etária - Idade	9 a 13 anos	14 a 18 anos	19 a 30 anos
Macronutrientes			
Energia (Kcal)	Calculadora	Calculadora	Calculadora
Proteínas e aminoácidos (g)	34 g {10-30 g}	46 g {10-30 g}	46 g {10-35 g}
Carboidrato (g)	130 g {45-65 g}	130 g {45-65 g}	130 g {45-65 g}
Gorduras total (g)	{25-35 g}	{25-35 g}	{20-35 g}
n-6, ácido gorduroso polinsaturado (g)	10 g {5-10 g}	11 g {5-10 g}	17 g {5g-10g}
n-3, ácido gorduroso polinsaturado (g)	1,0 g {0,6 -1.2g}	1,1 g {0,6-1,2 g}	1,1 g {0,6-1,2 g}
Fibras total	26 g	26 g	25 g
Vitaminas			
Vitamina A (µg)	600 µg-(1.700 µg)	700 µg-(2.800 µg)	700 µg-(3.000 µg)
Vitamina C (mg)	45 mg-(1.200 g)	65 mg-(1.800 mg)	75mg-(2.000 mg)
Vitamina D (µg)	5 µg-(50 µg)	5 µg-(50 µg)	5 µg - (50 µg)
Vitamina E (mg)	11 mg-(600 mg)	15 mg-(800 mg)	15 mg-(1.000 mg)
Vitamina K (µg)	60 µg	75 µg	90 µg
Tiamina ou vit. B_1 (mg)	0,9 mg	1,0 mg	1,1 mg
Riboflavina ou vit. B_2 (mg)	0,9 mg	1,0 mg	1,1 mg
Niacina ou vit. PP (mg)	12 mg - (20 mg)	14 mg - (30 mg)	14 mg - (35 mg)
Vitamina B_6 (mg)	1,0 mg-(60 mg)	1,2 mg-(80 mg)	1,3 mg-(100 mg)
Folate ou ácido fólico (µg)	300 µg-(600 µg)	400 µg-(800 µg)	400 µg-(1.000 µg)
Vitamina B_{12} (µg)	1,8 µg	2,4 µg	2,4 µg
Ácido pantotênico (mg)	4 mg	5 mg	5 mg
Biotina ou vit. H (µg)	20 µg	25 µg	30 µg
Colina (mg)	375 mg-(2.000 mg)	400 mg-(3.000 mg)	425 mg-(3.500 mg)

▶ continua

Sais minerais			
Cálcio (mg)	1.300 mg-(2.500 mg)	1.300 mg-(2.500 mg)	1.000 mg-(2.500 mg)
Cromo (µg)	21 µg	24 µg	25 µg
Cobre (µg)	700 µg-(5.000 µg)	890 µg-(8.000 µg)	900 µg-(10.000 µg)
Flúor (mg)	2 mg-(10 mg)	3 mg-(10 mg)	3 mg-(10 mg)
Iodo (µg)	120 µg-(600 µg)	150 µg-(900 µg)	150 µg-(1.100 µg)
Ferro (mg)	8 mg-(40 mg)	15 mg-(45 mg)	18 mg-(45 mg)
Magnésio (mg)*	240 mg-(350 mg)	360 mg-(350 mg)	310 mg-(350 mg)
Manganês (mg)	1,6 mg-(6 mg)	1,6 mg-(9 mg)	1,8 mg-(11 mg)
Molibdênio (µg)	34 µg-(1.100 µg)	43 µg-(1.700 µg)	45 µg-(2.000 µg)
Fósforo (mg)	1.250 mg-(4.000 mg)	1250 mg-(4.000 mg)	700 mg-(4.000 mg)
Selênio (µg)	40 µg-(280 µg)	55 µg-(400 µg)	55 µg-(400 µg)
Zinco (mg)	8 mg-(23 mg)	9 mg-(34 mg)	8 mg-(40 mg)
Outros nutrientes			
Água (L/Dia)[1]	1,6 L ≈ 7 copos de água (2,1 L/dia)	1,8 L ≈ 8 copos de água (2,3 L/dia)	2,2 L ≈ 9 copos de água (2,7 L/dia)
Potássio (g)	4,5 g	4,7 g	4,7 g
Sódio (g)	1,5 g-(2,2 g)	1,5 g-(2,3 g)	1,5 g-(2,3 g)
Cloreto de sódio (sal) (g)	2,3 g-(3,4 g)	2,3 g-(3,6 g)	2,3 g-(3,6 g)

Observação:

Os valores de ingestão diária recomendada (RDA) e ingestão adequada (AI)l podem ambos ser usados como metas de ingestão.

ANEXO 5 – RECOMENDAÇÕES PARA MENINOS E HOMENS A PARTIR DE 9 ATÉ 30 ANOS

Faixa etária - Idade	9 a 13 anos	14 a 18 anos	19 a 30 anos
Macronutrientes			
Energia (Kcal)	Calculadora	Calculadora	Calculadora
Proteína e aminoácidos (g)	34 g {10-30 g}	52 g {10-30 g}	56 g {10-35 g}
Carboidrato (g)	130 g {45-65 g}	130 g {45-65 g}	130 g {45-65 g}
Gorduras total (g)	{25-35 g}	{25-35 g}	{20-35 g}
n-6, ácido gorduroso polinsaturado (g)	12 g {5-10 g}	16 g {5-10 g}	17 g {5-10 g}
n-3, ácido gorduroso polinsaturado (g)	1,2 g {0,6-1,2 g}	1,6 g {0,6-1,2 g}	1,6 g {0,6-1,2 g}
Fibras totais	31 g	38 g	38 g
Vitaminas			
Vitamina A (µg)	600 µg-(1.700 µg)	900 µg-(2800 µg)	900 µg-(3.000 µg)
Vitamina C (mg)	45 mg-(1.200 mg)	75 mg-(1.800 mg)	90 mg-(2.000 mg)
Vitamina D (µg)	5 µg-(50 µg)	5 µg-(50 µg)	5 µg-(50 µg)
Vitamina E (mg)	11 mg-(600 mg)	15 mg-(800 mg)	15 mg-(1.000 mg)
Vitamina K (µg)	60 µg	75 µg	120 µg
Tiamina ou vit. B_1 (mg)	0,9 mg	1,2 mg	1,2 mg
Riboflavina ou vit. B_2 (mg)	0,9 mg	1,3 mg	1,3 mg
Niacina ou vit. PP (mg)	12 mg-(20 mg)	16 mg-(30 mg)	16 mg-(35 mg)
Vitamina B_6 (mg)	1,0 mg-(60 mg)	1,3 mg-(80 mg)	1,3 mg-(100 mg)
Folate ou ácido fólico (µg)	300 µg-(600 µg)	400 µg-(800 µg)	400 µg-(1.000 µg)
Vitamina B_{12} (µg)	1,8 µg	2,4 µg	2,4 µg
Ácido pantotênico (mg)	4 mg	5 mg	5 mg
Biotina ou vit. H (µg)	20 µg	25 µg	30 µg
Colina (mg)	375 mg-(2.000 mg)	550mg-(3.000 mg)	550 mg-(3.500 mg)

➡ continua

Sais minerais			
Cálcio (mg)	1.300 mg-(2.500 mg)	1.300 mg-(2.500 mg)	1.000 mg-(2.500 mg)
Cromo (µg)	25 µg	35 µg	35 µg
Cobre (µg)	700 µg-(5.000 µg)	890 µg-(8.000 µg)	900µg-(10.000 µg)
Flúor (mg)	2 mg-(10 mg)	3 mg-(10 mg)	4 mg-(10 mg)
Iodo (µg)	120 µg-(600 µg)	150 µg-(900 µg)	150 µg-(1.100 µg)
Ferro (mg)	8 mg-(40 mg)	11 mg-(45 mg)	8 mg-(45 mg)
Magnésio (mg)*	240 mg-(350 mg)	410 mg-(350 mg)	400 mg-(350 mg)
Manganês (mg)	1,9 mg-(6 mg)	2,2 mg-(9 mg)	2,3 mg-(11 mg)
Molibdênio (µg)	34 µg-(1.100 µg)	43 µg-(1.700 µg)	45 µg-(2.000 µg)
Fósforo (mg)	1250 mg-(4.000 mg)	1.250 mg-(4.000 mg)	700 mg-(4.000 mg)
Selênio (µg)	40 µg-(280 µg)	55 µg-(400 µg)	55 µg-(400 µg)
Zinco (mg)	8 mg-(23 mg)	11 mg-(34 mg)	11 mg-(40 mg)
Outros nutrientes			
Água (L/Dia)[1]	1,8 L ≈ 8 copos de água (2,4 L/dia)	2,6 L ≈ 11 copos de água (3,3 L/dia)	3,0 L ≈ 13 copos de água (3,7 L/dia)
Potássio (g)	4,5 g	4,7 g	4,7 g
Sódio (g)	1,5 g-(2,2 g)	1,5 g-(2,3 g)	1,5 g- (2,3 g)
Cloreto de sódio (sal) (g)	2,3 g-(3,4 g)	2,3 g-(3,6 g)	2,3 g-(3,6 g)

Observação:

Os valores de ingestão diária recomendada (RDA) e ingestão adequada (AI) podem ambos ser usados como metas de ingestão.

ANEXO 6 – RECOMENDAÇÃO DE MACRONUTRIENTES PARA CRIANÇAS

Recomendação de macronutrientes

	Idade (anos)	Carboidrato (g/dia) RDA	% DRI	Gordura (g/dia) RDA	% DRI	Proteína (g/dia) RDA	% DRI	Fibra* (g/dia) AI
Bebês	0 a 6 meses	60	ND	31	ND	9,1	ND	ND
	7 a 12 meses	95	ND	30	ND	11	ND	ND
Crianças	1 a 3	130	45 a 65	ND	30 a 40	13	5 a 20	19
	4 a 8	130	45 a 65	ND	25 a 35	19	10 a 30	25
Homens	9 a 13	130	45 a 65	ND	25 a 35	34	10 a 30	31
	14 a 18	130	45 a 65	ND	25 a 35	52	10 a 30	38
	19 a 30	130	45 a 65	ND	20 a 35	56	10 a 35	38
	31 a 50	130	45 a 65	ND	20 a 35	56	10 a 35	38
	50 a 70	130	45 a 65	ND	20 a 35	56	10 a 35	30
	> 70	130	45 a 65	ND	20 a 35	56	10 a 35	30
Mulheres	9 a 13	130	45 a 65	ND	20 a 35	34	10 a 30	26
	14 a 18	130	45 a 65	ND	20 a 35	46	10 a 30	26
	19 a 30	130	45 a 65	ND	20 a 35	46	10 a 35	25
	31 a 50	130	45 a 65	ND	20 a 35	46	10 a 35	25
	50 a 70	130	45 a 65	ND	20 a 35	46	10 a 35	21
	> 70	130	45 a 65	ND	20 a 35	46	10 a 35	21
Grávidas	até 18	175	45 a 65	ND	20 a 35	71	10 a 35	28
	19 a 30	175	45 a 65	ND	20 a 35	71	10 a 35	28
	31 a 50	175	45 a 65	ND	20 a 35	71	10 a 35	28
Lactantes	até 18	210	45 a 65	ND	20 a 35	71	10 a 35	29
	19 a 30	210	45 a 65	ND	20 a 35	71	10 a 35	29
	31 a 50	210	45 a 65	ND	20 a 35	71	10 a 35	29

ND – não determinado; AI – ingestão adequada; * as fibras não têm recomendações da DRI.

Referências:

Food and Nutrition Information Center. Dietary Reference Intakes: Macronutrients. Disponível em: http://www.iom.edu/Object.File/Master/7/300/0.pdf. Acessado em: 28/11/05.

ANEXO 7 – VITAMINAS LIPOSSOLÚVEIS

Vitaminas lipossolúveis	Fontes alimentares	Sintomas de carências	Funções orgânicas
A ou retinol	Como provitamina nos vegetais amarelos, laranjas, vermelhos e verde-escuros: cenoura, brócolis, couve, mamão. Como vitamina: nas carnes, laticínios e ovos.	Pele seca e sem brilho, visão ofuscada, baixa imunidade e outros.	Forma os tecidos epiteliais e a retina; atua no sistema ósseo; é antioxidante associada às vitaminas E e C.
D ou calciferol	Síntese por meio da exposição solar na pele, óleo de peixe, fígado, gema de ovos, laticínios.	Ossos frágeis e quebradiços; casos extremos: raquitismo e osteoporose.	Fixação do cálcio nos ossos e dentes associada ao fósforo.
E ou tocoferol	Óleos vegetais e azeites, frutas oleaginosas: castanhas, nozes, amendoim.	Dificuldades visuais e alterações neurológicas; anemias no recém-nascido.	Produção de hormônios sexuais, antioxidante, antianêmica em recém-nascido.
K ou naftoquinoma	Vegetais verde-escuros: espinafre, couve, repolho; no tomate; em vísceras.	Hemorragias e anemias.	Coagulação do sangue por meio da síntese da protrombina.

Fonte: CHAVES, Nelson. *Nutrição básica*,1995.

VITAMINAS HIDROSSOLÚVEIS

Vitaminas hidrossolúveis	Fontes alimentares	Sintomas de carências	Funções orgânicas
B1 ou tiamina	Cereais integrais, carnes, ovos, verduras verdes folhosas, leguminosas, levedo.	Perturbações no sistema gastrointestinal, nervoso e no cardiovascular. Beribéri (carência extrema).	Coenzima no metabolismo energético dos carboidratos.
B2 ou riboflavina	Laticínios, carnes, vísceras, leguminosas, hortaliças folhosas, levedo.	Decomposição de tecidos, estomatite angular, glossite, fotofobia, transtornos no crescimento, cansaço físico.	Atua no metabolismo dos carboidratos e das proteínas.
B3 ou niacina	Carnes, aves e peixes, vísceras, ovos, levedo.	Debilidade, anorexia, eritema, pelagra (diarreia, dermatite, demência).	Metabolismo dos carboidratos, das gorduras e proteínas.
B6 ou piridoxina	Carnes e vísceras, leguminosas, cereais integrais, levedura.	Irritabilidade, insônia, dores abdominais, distúrbios de mobilidade.	Coenzima do metabolismo das proteínas, carboidratos e lipídios.
B12 ou cobalamina	Carnes e vísceras, laticínios, ovos.	Desordens hematopoiéticas, degeneração do sistema nervoso, anemia perniciosa.	Formação de hemácias e multiplicação celular.
C ou ácido ascórbico	Frutas cítricas, hortaliças frescas.	Cansaço físico, fraqueza muscular, sangramento nas gengivas, escorbuto.	Fortalece o sistema imunológico, antioxidante, facilita a absorção do ferro na dieta.
H ou biotina	Laticínios, ovos, vísceras, levedura, cereais integrais, frutas oleaginosas.	Cansaço físico, dores musculares, dermatite.	Coenzima no metabolismo das gorduras.

➦ continua

M ou B9 ou ácido fólico	Laticínios, ovos, carnes, vísceras, hortaliças verdes.	Anemia megaloblástica, transtornos gastrointestinais, glossite, malformação do tubo neural no feto.	Metabolismo dos aminoácidos, formação do tubo neural, equilíbrio do sistema nervoso.

Fonte: CHAVES, Nelson. *Nutrição básica*, 1995.

SAIS MINERAIS

Sais minerais	Funções	Carência	Fontes alimentares
Cálcio	Formação de ossos e dentes; coagulação do sangue e na oxigenação dos tecidos; excitabilidade muscular.	Malformação óssea e de ossos e dentes; raquitismo; osteoporose.	A mais recomendada são os laticínios; complementada: peixes, ovos, hortaliças verde-escuras, leguminosas, frutas oleaginosas.
Cobalto	Junto com a vitamina B12, estimula o crescimento orgânico, previne as infecções cutâneas.	Retardo no crescimento orgânico, anemias.	É componente da vitamina B12, carnes e vísceras. Algas.
Fósforo	Formação de ossos e dentes associado ao cálcio; equilíbrio do sistema nervoso e o sistema muscular.	Ossos e dentes fracos; alterações musculares e nervosas; raquitismo.	Carnes, vísceras, aves, peixes, ovos, laticínios, cereais integrais e leguminosas.
Ferro	Indispensável na formação do sangue; atua como veiculador do oxigênio para todo o organismo.	Insuficiência respiratória, cansaço físico, sonolência, anemia férrica ou ferropriva.	Carnes, vísceras, gema de ovo, nas leguminosas, verduras escuras, absorvidos junto com a vitamina C.

▶ continua

Iodo	Regula a glândula tireoide; regula a atividade metabólica.	Alterações no desenvolvimento físico, mental e sexual. Redução das atividades metabólicas. Hipertrofia da glândula tireoide; bócio.	Sal marinho, peixes marinhos, hortaliças e frutas cultivados no litoral.
Cloro	Formação dos sucos gástricos e pancreáticos; controle da pressão osmótica; equilíbrio ácido-básico do organismo; excitabilidade muscular.	Não há relatos de carência.	Sal de cozinha.
Potássio	Manutenção do equilíbrio do líquido intracelular e da pressão sanguínea.	Fraqueza muscular, cansaço físico.	Hortaliças e frutas variadas.
Magnésio	Equilibra os sistemas enzimáticos e o funcionamento dos músculos cardíacos; atua no metabolismo dos carboidratos e proteínas.	Desequilíbrio do funcionamento muscular.	Folhas verdes; leguminosas; frutas oleaginosas; chocolate, chá.
Manganês	Equilibra o funcionamento enzimático do metabolismo dos carboidratos.	Não há relatos de carência.	Cereais integrais, frutas oleaginosas, leguminosas,
Flúor	Proteção dentária, evita as cáries dentárias.	Fluorose dentária.	Água tratada, creme dental.
Cobre	Atua na formação dos pigmentos da hemoglobina na formação do colágeno e das enzimas.	Glóbulos vermelhos descorados.	Carnes, aves e peixes; cereais integrais, leguminosas, hortaliças verdes.
Sódio	Atua junto com o cloro.	Não há relatos de carência.	Sal de cozinha e nos vegetais em geral.

➡ continua

Enxofre	Faz parte da composição de proteínas.	Não há relatos de carência.	Carnes, peixes, aves, vísceras, leguminosas, nozes, alho, repolho, couve-flor, agrião, laranja, abacaxi.
Zinco	Auxilia o equilíbrio da imunidade do organismo; atua no metabolismo dos carboidratos, proteínas e gorduras.	Baixa resistência provoca cansaço físico.	Carnes, peixe, vísceras, ovos, leguminosas, cereais integrais, nozes.

Fonte: CHAVES, Nelson. *Nutrição básica*, 1995.

ANEXO 8 – EXEMPLO DE CARDÁPIO – CRIANÇA E ADOLESCENTE

VET = 1.200 calorias (aproximadamente)

Desjejum

Leite semidesnatado	1 xícara ou 1 copo 360 ml
Pão de forma integral	2 fatias
Queijo branco	1 fatia – 10 g
Maçã	1 unidade

Lanche da manhã

Iogurte light com cereal e frutas picadas	1 copo – 200 ml

Almoço

Salada de folhas/ tomate e cenoura	À vontade
Carne grelhada	1 fatia média – 80 g
Brócolis cozido	1 xícara
Feijão	1 concha pequena
Arroz	2 colheres de sopa
Sobremesa: morangos picados	1 xícara
Bebida: suco de tangerina	1 copo – 300 ml

Lanche da tarde

Leite semidesnatado batido com uma banana maçã e aveia	1 copo – 380 ml
Bolacha integral	4 unidades
Geleia de frutas light	1 colher (sobremesa)

Jantar

Macarrão com frango desfiado e legumes (cenoura, ervilha, vagem)	1 prato: 50 g de macarrão; 30 g de frango; 30 de cada legume
Sobremesa: abacaxi grelhado	1 fatia
Suco de uva	1 copo - 300 ml

➡ continua

Ceia

Copo de leite semidesnatado	1 copo – 300 ml
Ou fruta	1 pera

Grupos de alimentos ou substituições

Alimentos laticínios	Quantidades
Leite semidesnatado	1 copo ou xícara
Queijo branco ou ricota temperada	20 g
Requeijão light	20 g ou 2 colheres de sobremesa
Iogurte light com frutas	150 ml
Iogurte desnatado	150 ml
Cereais	
Pão de forma integral	2 fatias
Baguete	2 fatias
Torrada	4 unidades
Cereais matinais	3 colheres sopa
Macarrão	50 g
Arroz integral	20 g
Frutas	
Melão	Fatia média
Abacaxi	Fatia média
Mamão	½ unidade pequena
Banana	1 unidade pequena
Morango	10 unidades
Pera	1 unidade
Tangerina	1 unidade
Laranja lima	1 unidade
Pêssego	1 unidade
Hortaliças e legumes	
Folhosas	À vontade
Vagem	½ xícara
Couve-flor	½ xícara
Abóbora	½ xícara
Cenoura	½ xícara
Beterraba	½ xícara

➡ continua

Chuchu	½ xícara
Brócolis	½ xícara
Batata-salsa	½ xícara
Milho-verde	¼ xícara
Ervilha	¼ xícara
Batata-inglesa ou doce	1 unidade pequena
Leguminosas	
Feijão	1 concha pequena
Lentilha	1 concha pequena
Ervilha	2 colheres de sopa
Grão-de-bico	2 colheres de sopa
Carnes	
Carne assada	1 fatia /80 g
Frango	100 g
Peixe magro	100 g
Presunto magro ou peito de peru	2 fatias
Carne moída	2 colheres de sopa
Ovo	1 unidade

ANEXO 9 – PREVALÊNCIA DE OBESIDADE POR SEXO E IDADE NO BRASIL

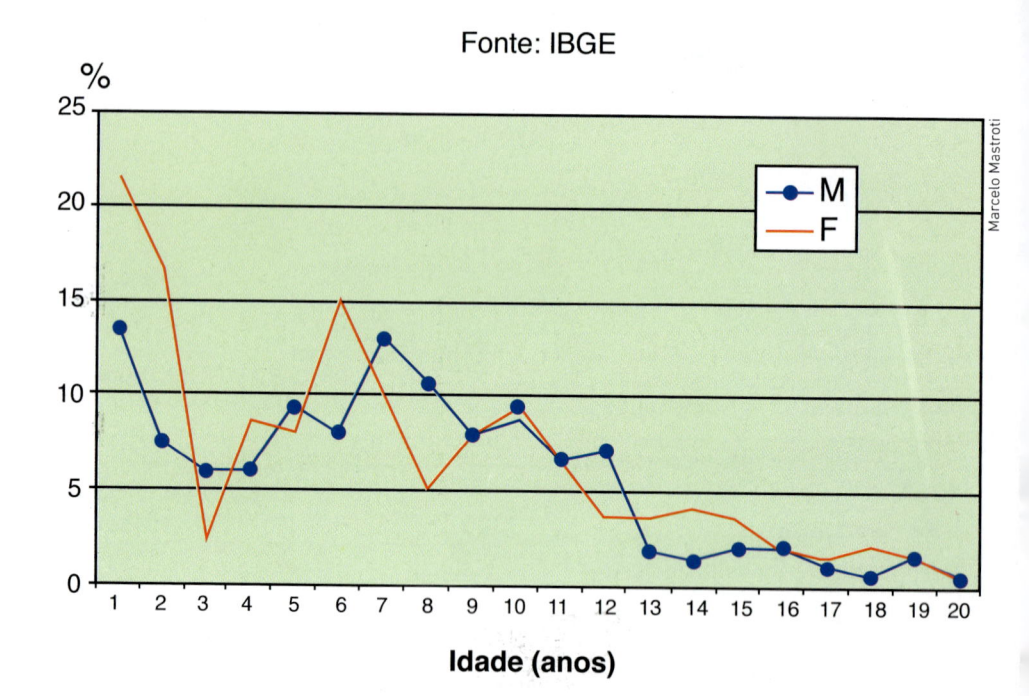

Fonte: IBGE